Wasseragamen
und
Segelechsen

Heiko Werning

unter Mitarbeit von Maren Gaulke

118 Fotos
12 Grafiken
3 Tabellen
6 Verbreitungskarten

Terrarien  Bibliothek

Natur und Tier - Verlag

Bildnachweis Umschlag
Titelbild: *Physignathus cocincinus* Foto: H. Werning
Hintergrund: *Hydrosaurus weberi* Foto: M. Schmidt

ISBN 3-931587-58-4

1. Auflage 2002
2. Auflage 2004

© 2004 Natur und Tier - Verlag GmbH
     An der Kleimannbrücke 39/41
     48157 Münster
     Geschäftsführung: Matthias Schmidt
     Lektorat: Kriton Kunz
     Layout: Ludger Hogeback
     Druck: Veiters, Riga

Für meine Mutter

Inhaltsverzeichnis

Vorwort

„Sehr viel Freude hatte ich an einem Paar Wasseragamen. Wenn sie mit aufgerichteten Vorderbeinen auf einem Ast saßen, war ihr Anblick geradezu ein ästhetischer Genuss, so schön war der Schwung ihrer Rückenlinie mit dem gezackten Hautkamm, so harmonisch die im langen herabhängenden Schweif endende Gestalt. Das ganze Wesen der Wasseragamen erinnerte in seiner quecksilbernen Unruhe an das eines Vogels."

So beschrieb der terraristische Altmeister KLINGELHÖFFER bereits 1957 seine Australischen Wasseragamen, und seitdem haben diese Echsen und ihre Verwandten Generationen weiterer Terrarianer begeistert. Wasseragamen und Segelechsen gehören zweifellos zu den attraktivsten und interessantesten Terrarientieren. Ihre imponierende Gestalt, ihr urtümliches, an Fabelwesen erinnerndes Aussehen, ihre wunderschöne Färbung, ihr packendes, lebhaftes Verhalten und nicht zuletzt die Tatsache, dass sie gut im Terrarium zu halten und zur Vermehrung zu bringen sind – all diese Punkte sind Garanten dafür, dass ihre Beliebtheit auch in Zukunft unvermindert andauern wird.

Seit der Erstauflage dieses Buches 1995 hat sich in der Terraristik viel getan. Das Buch kam damals in einer Umbruchphase heraus. Nachdem es über Jahrzehnte nur eine kleine Zahl meistens allgemeiner Titel zur Terraristik gegeben hatte, wurden Ende der 80er- bis Anfang der 90er-Jahre allmählich die ersten spezielleren Titel veröffentlicht, oft noch mit relativ bescheidenen Mitteln. Zu diesen „Pionieren" gehörte auch das Wasseragamen-Buch. Sehr bald darauf entwickelte sich der terraristische Büchermarkt explosionsartig. Veränderte Herstellungsverfahren ermöglichten eine großzügigere Ausstattung mit Farbbildern, und die Terraristik erlebte ganz allgemein einen bis dahin ungeahnten Boom. Eine zweischneidige Angelegenheit, denn während so einerseits wunderbare Bücher auch zu speziellsten Themen erschienen, schwappte andererseits eine Reihe von Neuerscheinungen in die Regale der Händler, die jeden Qualitätsanspruch vermissen ließen und den sorgsam erstellten Büchern das Leben schwer mach

ten (und machen). Trotz seiner vergleichsweise einfachen Gestaltung mit nur wenigen Farbtafeln haben sich die „Wasseragamen" erfreulicherweise durchsetzen können. Nachdem die erste Auflage schließlich vergriffen war, lag dennoch auf der Hand, dass das Buch komplett neu überarbeitet werden sollte. Eine Vielzahl von weiteren Veröffentlichungen war seit Fertigstellung des Manuskriptes 1994 erschienen, und neue Erkenntnisse sind gewonnen worden. Während die Grüne Wasseragame nach wie vor in großen Stückzahlen importiert und von Terrarianern nachgezüchtet wird, haben die kommerziellen Zuchterfolge der Echsenfarm „Agama International" in Alabama bei der Australischen Wasseragame dazu geführt, dass auch diese Art jetzt zu gemäßigten Preisen nahezu unbegrenzt für die Terraristik zur Verfügung steht. Auch die so genannte Neuguinea-Wasseragame wird inzwischen recht regelmäßig aus Indonesien eingeführt. Gleiches gilt für die prächtigen Segelechsen, die größten Agamen überhaupt. In der Erstausgabe dieses Buches hatte ich sie nur als „Bonus-Track" kurz mit aufgeführt, als kleinen zusätzlichen Service sozusagen. In dieser Neuauflage werden nun auch sie ebenso ausführlich vorgestellt wie ihre Verwandten. Dies bietet sich aus mehreren Gründen an: Weil die Pflegebedingungen sich in vielen Punkten gleichen; weil es sich bei den Segelechsen um Wasser-Agamen im Wortsinn handelt; weil die Tiere regelmäßig importiert und gehalten werden und den Pflegern daher möglichst viele Informationen an die Hand gegeben werden sollten; weil die Gefährdungssituation zumindest einiger Populationen mehr Aufmerksamkeit verdient; weil die verworrene taxonomische Situation auch dem Terrarianer bekannt sein sollte und eine Zusammenstellung des heutigen Kenntnisstandes wünschenswert erscheinen lässt; und schließlich vor allem, weil es großartige Echsen sind!

Grundlage auch dieser Neuausgabe sind meine eigenen Erfahrungen seit nunmehr 18 Jahren mit der Haltung und Vermehrung vor allem der Grünen Wasseragame. Hinzugekommen sind in den letzten Jahren aber auch eigene Erfahrungen mit der Aus tralischen und der Neuguinea-Wasseragame. Der zweite Stützpfeiler dieser Arbeit ist die Literaturauswertung. Ich habe mich bemüht, alle Veröffentlichungen, die über die behandelten Gattungen erschienen sind, aufzuspüren und einzusehen. Obwohl dies sicherlich nicht vollständig gelungen sein wird, stellt dieses Buch dennoch im wissenschaftlichen Sinn auch eine Synopsis der Gattungen *Physignathus, Lophognathus* und *Hydrosaurus* dar. Neben dem Literaturverzeichnis in diesem Buch habe ich eine umfangreiche – wenn auch sicher noch ergänzungsfähige – Bibliographie dieser Gattungen erstellt, die auf der Homepage des Natur und Tier - Verlags (www.ms-verlag.de) einzusehen ist. Zwar werden im Buch Systematik und Biogeographie nur knapp angerissen, dafür stelle ich aber Ökologie und Verhalten ausführlich in den Vordergrund, weil diese Erkenntnisse mir für die Terraristik besonders wertvoll erscheinen. Der Schwerpunkt des Buches liegt aber klar bei der Terrarienhaltung und -vermehrung von Wasseragamen und Segelechsen. Ich wünsche Ihnen beim Lesen und vor allem beim Umgang mit diesen prächtigen Echsen viel Spaß!

Berlin, Oktober 2002

Dank

An diesem Buchprojekt haben viele Menschen in der einen oder anderen Form mitgearbeitet und -geholfen und somit entscheidend zum Gelingen beigetragen. An erster Stelle ist hier Maren Gaulke (München) zu nennen, die mich mit Informationen und Literatur vor allem zum Thema Segelechsen geradezu gefüttert sowie Teile des Textes geschrieben und überarbeitet hat. Zudem kommen viele Fotos von ihr, sodass wir hier wohl erstmals eine breitere Palette lebender *Hydrosaurus* mit gesicherten Fundorten im Bild vorstellen können. Großer Dank geht auch an Bert Langerwerf (Alabama/USA), der mich mit reichlich Informationen, Dias und nicht zuletzt Tieren versorgt hat, und dem es überhaupt erst zu verdanken ist, dass die Australischen Wasseragamen wieder eine wichtige Rolle in der Terraristik einnehmen. Eine große Hilfe bei der Literaturrecherche war mein Redakteurs-Kollege von der „Sauria", Mirko Barts (Berlin), dessen sorgfältig gepflegte Literaturdatenbank und Heimbibliothek er mir zur Verfügung stellte.

Dank auch an Wolfgang Böhme (Bonn) und Henk Zwartepoorte (Rotterdam), die den Segelechsen-

Weibchen der Grünen Wasseragame Foto: H. Werning

Part noch einmal durchsahen. Für weitere Informationen danke ich Siegfried Jurkscheidt (Berlin), Ingo Kober (Gaiberg), Jürgen Lange (Berlin), Horst Liesack (Lanke b. Berlin), Ulrich Manthey (Berlin), Karsten Schulz (Kalletal), Norbert Schuster (Darmstadt), Gregory Watkins-Colwell (Yale/USA), Wolfgang Wengler (Münster) und Roland Wirth (München).

Für Hilfe bei der Literaturbeschaffung und Vorbereitung des Buches danke ich zudem Franz Borrmann (Berlin), Herman in den Bosch (Leiden), Ulrich Manthey (Berlin), Christoph Redemann (Berlin) und Karsten Schischke (Berlin).

Weiteres Bildmaterial wurde mir freundlicherweise zur Verfügung gestellt von Daniel Bennett (Aberdeen), Hubert Bosch (Ratingen), Wolfgang Grossmann (Berlin), Hans-Georg Horn (Sprockhövel), Andreas Inderwiedenstraße (Ahlen), Horst Liesack (Lanke), Sibylle und Ulrich Manthey (Berlin), Matthias Schmidt (Münster), Wolfgang Schmidt (Soest), Ursula und Norbert Schuster (Darmstadt), Glenn M. Shea (Sydney, Australien), Rolf Stein (Kelsterbach), Gerard Visser (Rotterdam), Mary Vriens (Rotterdam), Frank Bambang Yuwono (Indonesien) und Henk Zwartepoorte (Rotterdam).

Natürlich geht ein besonderer Dank auch wie immer an den Verlag, besonders an Matthias Schmidt, den Gründer und Geschäftsführer des Natur und Tier - Verlags, auch dafür, dass er letztlich doch immer wieder qualitative über rein kommerzielle Gesichtspunkte stellt und mir – wenn auch zähneknir-schend – die doch recht erhebliche Zeitspanne nachgesehen hat, die diese Neuauflage in Anspruch genommen hat. Und dass es schließlich auch wieder mehr geworden ist als verabredet, wird ihn kaum wirklich überrascht haben. Dank auch an meine NTV-Kollegen Kriton Kunz (Speyer) für das wie immer gewissenhafte und strapazierend gründliche Lektorat, Ludger Hogeback (Münster) für die Grafiken, Karten und das Layout sowie an das ganze Verlags-Team für die gute Zusammenarbeit. Verkauft die Bücher ordentlich!

Gewidmet ist das Buch meiner Mutter Mariele Werning (Münster). Nicht nur, dass sie mir über inzwischen ja auch schon Jahrzehnte bei allen erdenklichen Problemen engagiert und liebevoll geholfen hat, auch gab sie vor nunmehr fast zwanzig Jahren ihren Widerstand gegen Reptilien und vor allem ihr Futter („Solche Tiere kommen mir nicht ins Haus!") auf und ermöglichte damit erst meine Terrarianer-Karriere, die im weiteren Verlauf zunehmend außer Kontrolle geriet und sich bis zu meinem heutigen Beruf verselbstständigte. Aber dabei blieb es nicht: Seit über zehn Jahren pflegt meine Mutter ihre eigenen Wasseragamen, die sie, entsetzt über meine Herzlosigkeit, die ersten Nachzuchten bereits abgeben zu wollen, bei meinem Umzug nach Berlin schlicht beschlagnamt hatte…

Abschließend Dank an alle, die mich über die Jahre in der ein oder anderen Form bei der Haltung von Wasseragamen und dem Schreiben unterstützt haben.

Abkürzungen

• KRL: Kopf-Rumpf-Länge (die Körperlänge von der Schnauzenspitze bis zur Kloake)

• Alle Terrarienmaße sind in Breite x Tiefe x Höhe (B x T x H) angegeben (nachdem ich gelernt habe, dass das offenbar die technische korrekten Begriffe sind und ich mich somit von der geschätzten „Länge" verabschieden musste).

Männchen von *Physignathus cocincinus* Foto: M. Schmidt

1. Einleitung

1.1 Was sind Wasseragamen? – Ein wenig Systematik und Biogeographie

Die in diesem Buch behandelten Wasseragamen und Segelechsen bilden keine feste systematische Einheit. Gemeint sind hier die Agamengattungen *Physignathus* (die eigentlichen Wasseragamen), *Hydrosaurus* (die Segelechsen) und *Lophognathus* (für die es bislang keine deutsche Bezeichnung gibt; ich schlage den Namen Streifen-Wasseragamen vor). Bei allen drei Gattungen handelt es sich um vorwiegend baumbewohnende (arboricole) Agamen aus dem südostasiatisch-australischen Raum, die entweder überwiegend in der Nähe von Gewässern oder direkt am Wasser leben. Körper und Schwanz sind seitlich abgeflacht, alle Arten verfügen über mehr oder weniger stark ausgeprägte Nacken-, Rücken- und/oder Schwanzkämme.

Agamen sind Echsen, also Reptilien, und als solche gehören sie zu den so genannten poikilothermen, also wechselwarmen („kaltblütigen") Tieren. Agamen bilden zusammen mit den Leguanen und den Chamäleons einen eigenen „Verwandtschafts-Ast" am großen Echsenstammbaum. Dieser Ast wird in der Systema-

tik als Überfamilie angesehen und trägt den Namen Iguania. Die genauen verwandtschaftlichen Verhältnisse innerhalb der Iguania sind zwar recht gut aufgeschlüsselt, jedoch herrscht Uneinigkeit über die systematische Bewertung. Die „klassische" Sichtweise, der ich hier folge, betrachtet die drei genannten Echsengruppen als eigenständige Familien Agamidae, Iguanidae und Chamaeleonidae. Es sei aber darauf hingewiesen, dass es auch grundlegend andere Ansichten dazu gibt (ausgehend von FROST & ETHERIDGE 1989; Übersicht zu diesem Thema bei WERNING 2000a).

Während Chamäleons als hoch spezialisierte Sonderlinge von den anderen Iguania gut abzugrenzen sind, lassen sich Agamen und Leguane auf den ersten Blick nicht unterscheiden. Leguane bewohnen die Neue Welt (also Süd- und Nordamerika) und als „Exklave" Madagaskar, Agamen dagegen sind in der Alten Welt, also in Australien, Asien, Afrika und Europa zu Hause. Der einzige Berührungspunkt zwischen den beiden Familien sind die Fidschi-Inseln im Südpazifik. Das charakteristischste konstante Merkmal der Agamen ist ihre akrodonte Bezahnung, bei ihnen sitzen die Zähne im vorderen Kieferbereich dicht nebeneinander direkt auf der

Wasseragamen haben sich in Australien entwickelt (hier: *Physignathus lesueurii*).
Foto: M. Gaulke

Oberkante des Kiefers und bilden so eine geschlossene Zahnleiste. Leguane dagegen weisen eine pleurodonte Bezahnung auf, die Zähne sind also einzeln auf der Innenseite der Kiefer in den Knochen „eingelassen". Im Gegensatz zu denen der Agamen können die Zähne der Leguane nachwachsen.

Über die verwandtschaftlichen Verhältnisse innerhalb der Agamidae – und damit die spannende Frage, wer von wem abstammt und woraus er sich in der Evolution entwickelt hat – sind recht unterschiedliche Theorien aufgestellt worden (z. B. MOODY 1980; FROST & ETHERIDGE 1989; JOGER 1991; SCHWENK 1994; MACEY et al. 1997; HONDA et al. 2000; MACEY et al. 2000). Hierauf näher einzugehen, würde den Rahmen dieses Buches sprengen. Für die Objekte unseres Interesses ergibt sich aber durch die recht aktuellen DNA-gestützten Untersuchungen von HONDA et al. (2000) und MACEY et al. (2000) übereinstimmend folgendes Bild: Die Agamen aus der Australis (Australien und Neuguinea und umliegende Inseln) bilden eine eigene Verwandtschaftsgruppe (Unterfamilie Amphibolurinae nach MACEY et al. 2000) innerhalb der Agamidae, die sich demnach geschlossen dort entwickelt hätte, also nicht in Wellen aus dem Norden über die Sunda-Inseln eingewandert wäre, wie früher angenommen (COGGER & HEATWOLE 1981; WITTEN 1982, 1983). Die Gattung *Lophognathus* sowie *Physignathus lesueurii* sind in die Gruppe der australischen Agamen eingebettet. Die Grüne Wasseragame (*Physignathus cocincinus*) wird als Schwestertaxon der australischen Agamen aufgefasst und ebenfalls den Amphibolurinae zugeordnet, während *Hydrosaurus* als isolierte monophyletische Gruppe innerhalb der Agamen gewertet wird (Unterfamilie Hydrosaurinae). Die enge Verwandtschaft der südostasiatischen Grünen Wasseragame – die mitten in der tiergeographischen Region der Orientalis (vorderindischer bis südasiatischer Raum) lebt und sozusagen umzingelt von Agamen der südasiatischen Verwandtschaftsgruppe ist – zu den australischen Agamen erklärt sich dadurch, dass sich im Lauf der Kontinentalverschiebung ein Teil der Australien-Neuguinea-Platte abgetrennt hat, nach Südostasien gedriftet ist und den Urahnen von *P. cocincinus* dorthin verdriftet hat (MACEY et al. 2000).

1.2 Ähnliche Fremde – Konvergenz

Wie oben besprochen, sind die verschiedenen Arten der Wasseragamen und Segelechsen also nicht unbedingt eng miteinander verwandt. Dass man sie dennoch zuvor in gleiche Schubladen packte – *Lophognathus* wurde lange zu *Physignathus* gezählt, *Hydrosaurus* und *Physignathus* als eigene Untergruppierung der Agamen aufgefasst – liegt zum einen an gewissen Gleichheiten im Körperbau, die teils oben schon kurz angerissen wurden, und zum anderen an der ähnlichen ökologischen Nische, die sie besetzen. Wenn nicht näher verwandte Arten in Anpassung an vergleichbare Lebensbedingungen ein ähnliches äußeres Erscheinungsbild entwickelt haben, nennt man diese „Parallelentwicklung" auch Konvergenz. Der Gedanke ist eigentlich schlicht: Wenn sich im Lauf der Evolution jede Art an ihren jeweiligen Kleinlebensraum anpasst, ist es nicht verwunderlich, dass Vertreter ganz unterschiedlicher Gruppen in ähnlichen Lebensräumen dieselben „Lösungen" entwickeln. Das gilt nicht nur für die Ähnlichkeiten zwischen *Physignathus*, *Lophognathus* und *Hydrosaurus*, sondern auch für viel entfernter stehende Echsen. Ein schönes Beispiel dafür sind die Basilisken (*Basiliscus*) und Grünen Leguane (*Iguana*), zwei Leguan-Gattungen, die zwar am anderen Ende der Welt vorkommen, nämlich in Mittel- und Südamerika, jedoch ebenfalls als Baumbewohner mit einer Vorliebe für Gewässer in tropischen Wäldern leben. Und tatsächlich sehen diese Leguane den Wasseragamen weitaus ähnlicher als beispielsweise die viel näher verwandten Bartagamen (*Pogona*) oder gar der bizarre Moloch (*Moloch horridus*) aus der engeren Verwandtschaft: Der Körperbau ist vergleichbar, und wie die Grüne Wasseragame ist auch der Grüne Leguan eine stattliche, seitlich abgeflacht gebaute Echse, die eine ebenso prächtige grüne Färbung und einen beeindruckenden Rückenkamm aus Stachelschuppen zeigt. Die Segelechsen mit ihren bizarren Schwanzkämmen erinnern durchaus an die mit ähnlichem Schmuck ausgestatteten Basilisken, und in Färbung und Körperbau kommt der kleinere Streifenbasilisk optisch den Streifen-Wasseragamen (mit Ausnahme des bei den Agamen fehlenden Kopflappens) durchaus nahe. Es gibt gerade unter Reptilien übrigens noch viel mehr solcher

Nur entfernt verwandt, aber doch ähnlich: Grüne Wasseragame...

...und Grüner Leguan Fotos: H. Werning

Konvergenz-Entwicklungen. Das bekannteste Beispiel hierfür ist sicherlich die verblüffende Ähnlichkeit des auf Neuguinea heimischen Grünen Baumpythons mit dem südamerikanischen Hundskopfschlinger aus der Boa-Verwandtschaft. Ein schönes Beispiel sind auch die ökologischen und optischen Ähnlichkeiten einiger in den Wüsten der Welt verteilt lebenden Echsengattungen: australischer Dornteufel (*Moloch horridus*), asiatische Krötenkopfagamen (*Phrynocephalus*), nordamerikanische Krötenechsen (*Phrynosoma*) und die südamerikanischen *Phrynosaura*.

1.3 Schwanzregeneration bei Wasseragamen und Segelechsen

Lange Zeit galt es als „herpetologisches Allgemeinwissen", dass Agamen im Gegensatz zu vielen anderen Echsen, z. B. Geckos, Eidechsen und Leguanen, weder über die Fähigkeit der Autotomie – das Abwerfen des Schwanzes an Sollbruchstellen der Schwanzwirbel – noch der Regeneration abgetrenn-

ter Schwänze verfügen. MOODY schrieb noch 1980, dass Autotomie bei Agamen nicht bekannt sei. OBST et al. (1984) vermerken zu den Agamidae: „Schwanz ohne vorgebildete Bruchstellen, Regenerationsfähigkeit schlecht."

1993 veröffentlichte COLWELL, dass der Holotyp von *Hydrosaurus weberi* einen Gabelschwanz aufweist. Dieses Phänomen tritt bei einigen Echsengruppen häufiger auf, wenn der Schwanz nur anbricht und dann nicht abfällt: An der Bruchstelle wächst ein Regenerat, während das Reststück verheilt und wieder fest anwächst – die Echse hat dann zwei Schwanzenden. Der untersuchte *Hydrosaurus weberi* hatte eine KRL von 33 cm, die Gabelung lag 53,3 cm hinter der Kloake. Beide Zweige waren Regenerate, der längere maß 9,88 cm, der kürzere 1,1 cm. Letzterer war mit mindestens vier Schuppenreihen besetzt. COLWELL (1993) schrieb, dass dies „wahrscheinlich der erste Bericht über einen Doppelschwanz bei Agamen" überhaupt sei. Dabei hatte bereits LOVERIDGE (1934) von einer Australischen Wasseragame mit einem regenerierten Gabelschwanz berichtet. HARDY & HARDY (1977) stießen in einer Freilandpopulation auf drei Tiere mit 3,85 und 7,5 cm langen Regeneraten sowie ein Tier mit Gabelschwanz (der „Originalschwanz" maß von der Bruchstelle an noch 39,9 cm, das „Gabel-Regenerat" 6,7 cm). WITTEN (1985) wies darauf hin, dass die *Lophognathus*-Arten über eingeschränkte Schwanzregeneration verfügen, und ALTMANN (1980) berichtet von einem Schwanzregenerat bei *Hydrosaurus pustulatus*. 1976 publizierten Mitglieder der Australischen Herpetologischen Gesellschaft, dass die Australische Wasseragame leicht das letzte Drittel des Schwanzes abwirft, wenn man sie an der Schwanzspitze festhält (AHS 1976). Dies wäre sozusagen ein „klassischer" Fall von Autotomie.

THOMPSON (1993) untersuchte eine Freilandpopulation von *P. lesueurii* und fand heraus, dass 41–47 % der adulten Tiere abgebrochene und/oder regenerierte Schwänze aufwiesen.

Von *Physignathus cocincinus* dagegen war bis vor kurzem weder über Autotomie- noch Regenerationsfähigkeit berichtet worden. Noch in der Erstauflage dieses Buches (WERNING 1995) ging ich daher davon aus, dass die Grüne Wasseragame dazu nicht in der Lage sei, zumal eines meiner Tiere, das bei einem Unfall das hintere Viertel seines Schwanzes verloren hatte, keinerlei Regenerat bildete. Darauf meldeten sich zwei Leser bei mir. SIEGFRIED JURKSCHEIDT teilte mit, dass eine bei ihm kürzlich verstorbene Grüne Wasseragame ein nahezu 10 cm langes Schwanzregenerat besitze. Er hatte das Tier noch tiefgefroren konserviert und zeigte es mir. KARSTEN SCHULZ schrieb, dass bei ihm ein Tier das letzte Drittel seines Schwanzes verlor. Es „wurde vom Tierarzt „saubergeschnitten" und danach genäht. Das Regenerat wuchs ähnlich schnell, wie für *P. lesueurii* angegeben." Bei einem späteren Unfall brachen weitere 10 cm des ursprünglichen Schwanzes ab; nach der Verödung der Verletzung durch den Tierarzt kam es zu keiner weiteren Regeneration. Bei einem Unfall mit einem meiner Tiere trennte ich im März 2000 beim Schließen der Schiebescheibe eines Terrariums die hinteren 8 cm des Schwanzes einer zu diesem Zeitpunkt 16 Jahre alten Wasseragame ab. Im Gegensatz zu dem anderen Tier heilte die

Wunde nicht einfach glatt ab, sondern nach etwa vier Wochen war ein winziger, rundlicher Stummel gewachsen. Im Lauf des folgenden Jahres wuchs dieser zu einem kleinen Regenerat heran, das zwar ein bisschen krumm geraten ist, jedoch eindeutig über eine bloße Wundverheilung hinausgeht. Das nachgewachsene Schwanzstück ist heute (Oktober 2002) 2,1 cm lang, deutlich vom Original-Schwanz abgesetzt, relativ starr und mit vergleichsweise größeren Schuppen bedeckt. Jede Zeichnung fehlt, es ist im Gegensatz zum Originalschwanz einheitlich braun gefärbt.

HARDY & HARDY (1977) beschreiben einen Regenerationsprozess bei *P. lesueurii* unter Terrarienbedingungen: Einige Monate nach dem Verlust der Schwanzspitze begann das Regenerat zu wachsen, nach einem Jahr war es schon 6,5 cm lang. Zehn Monate später maß es 7,9, weitere 13 Monate danach 9,3 cm. Bei einem anderen Tier wuchs das Regenerat binnen 18 Monaten von 7,5 cm auf eine Länge von 10,9 cm, wieder ein anderes zeigte eine Wachstumsrate von 6 cm in 80 Tagen. Auch hier waren die Regenerate deutlich vom ursprünglichen Schwanz zu unterscheiden, zeichnungslos und einheitlich braun. Allerdings waren sie mit kleineren Schuppen als beim Original bedeckt.

Im Zoo Dresden sah ich im Jahr 2001 eine Segelechse mit einem sehr gut ausgebildeten, mehrere Zentimeter langen Regenerat, und in einem Terraristikgeschäft stieß ich auf eine Schmetterlingsagame (*Leiolepis* sp.) mit einem ebenfalls gut gewachsenen, mehrere Zentimeter langen Regenerat. ZIEGLER (2002) berichtet, dass ein Jungtier von *P. cocincinus*, das er in Vietnam fing, einen Teil seines Schwanzes abgeworfen habe; dasselbe erlebte MAREN GAULKE (mdl. Mittlg.) mit der philippinischen Winkelkopfagame *Gonocephalus sophiae*.

Alles in allem deutet diese Vielzahl verschiedener Einzelbeobachtungen darauf hin, dass zumindest einige Agamen entgegen landläufiger Meinung sowohl zur Autotomie als auch zur Regeneration verlorener Schwanzstücke in der Lage sind, und offenbar ist dies nicht einmal besonders selten. Diese Fähigkeiten scheinen aber dennoch weit weniger ausgeprägt als beispielsweise bei Leguanen. Dafür spricht nicht nur, dass die Kenntnis von Autotomie

Schwanzregenerate bei einer Segelechse (links) und einer Grünen Wasseragame (rechts) Fotos: H. Werning

und Schwanzregeneration bei Agamen bisher kaum durchgesickert ist, sondern auch die Vielzahl z. B. junger Wasseragamen im Zoohandel, bei denen so gut wie nie ein Fehlen des Schwanzes oder Regenerate zu beobachten sind. Bei anderen Echsengruppen ist beides dagegen ausgesprochen häufig.

1.4 Natürliche Feinde und Lebenserwartung

Wasseragamen und Segelechsen haben mit denselben Fressfeinden zu kämpfen wie andere Echsen auch. Vor allem die Jungtiere sind einer Vielzahl an Bedrohungen durch Vögel, Schlangen, Katzen und andere räuberische Säuger sowie Echsen, auch der eigenen Art, ausgesetzt. Bei *P. lesueurii* wird vom Wasserskink *Sphenomorphus quoyii*, dem Kookaburra oder Lachenden Hans *Dacelo gigas* und den Schlangen *Acantophis antarcticus* (eine Todesotter), *Pseudechis porphyriacus* (eine Schwarzotter), *Pseudonaja textilis* (eine Australische Scheinkobra) und *Austrelaps superbus* (der Australische Kupferkopf) als Fressfeinde berichtet (AHS 1976, HARDY & HARDY 1977). HOSER (1981) schreibt von einer Todesotter (*Acantophis antarcticus*), die eine adulte Australische Wasseragame verschlungen hatte, dann

aber offenbar an Verletzungen, die sie durch die Stachelschuppen des Kamms der Agame erlitten hatte, einging.

Die im Flussufer abgesetzten Gelege fallen neben Nesträubern wohl häufiger auch Hochwasser zum Opfer (FRAUCA 1972).

Aber auch der Mensch stellt den stattlichen Agamen nach. Auf den Philippinen werden Segelechsen und ihre Eier regelmäßig verspeist (s. Kap. 4), die Eier von *P. cocincinus* werden von Einheimischen gesammelt und gegessen (MANTHEY & MANTHEY 1999), *P. lesueurii* wird von den Aborigines gejagt (IRVINE 1960).

Wie alt Wasseragamen und Segelechsen in der Natur werden, wissen wir nicht. Im Terrarium können sie ein sehr hohes Alter erreichen, 10–15 Jahre sind zumindest für *Physignathus* und *Hydrosaurus* nichts Ungewöhnliches. Mein ältestes Pärchen Grüner Wasseragamen ist jetzt (Oktober 2002) etwa 18 Jahre alt und vermehrt sich noch immer etwa einmal jährlich, wenn die Gelege des Weibchens inzwischen auch nur noch 6–9 Eier umfassen. Auch LIESACK (2001) berichtet von Tieren, die 14 bzw. 18 Jahre alt wurden. Den veröffentlichten Altersrekord hat ein Männchen von VELENSKÀ & KODYM (2002) inne, das 24 Jahre alt wurde. In der Schlussphase konnte es nur noch schlecht sehen und musste gefüttert werden, indem man ihm die Nahrung mit der Pinzette vorhielt. HARLOW & HARLOW (1997) berichten vom bisherigen Altersrekord bei der Australischen Wasseragame: Sie pflegten 20 Jahre lang ein Männchen, das zum Zeitpunkt des Fangs 4–5 Jahre alt war. Ein Weibchen hielten sie über 26 Jahre; es starb im Alter von etwa 28 Jahren. Bis in das 23. Haltungsjahr pflanzte es sich regelmäßig zweimal jährlich fort. Gegen Ende magerte es deutlich ab, wurde gebrechlich und hatte Koordinationsstörungen, bis es schließlich vermutlich an Altersschwäche starb. Auf einer „Altersliste" für Reptilien im Internet wird von einer Segelechse (*H. amboinensis*) im Jersey Wildlife Preservation Trust berichtet, die 24 Jahre und fünf Monate alt wurde (http://fslavens.home.mindspring.com/lliza.html#Hydrosaurus; Stand Oktober 2002). Für *Lophognathus* liegen keine Angaben vor. Meine *L. temporalis*, die ich als subadulte Tiere erhalten habe, pflege ich jetzt seit drei Jahren.

2. Haltung von Wasseragamen und Segelechsen

Im Folgenden stelle ich Ihnen die grundlegenden Haltungsansprüche der Wasseragamen und Segelechsen vor. Die Abhandlung in einem Kapitel bietet sich an, da die für das Terrarium relevanten Arten in vielen Aspekten identische Anforderungen stellen. (Ausnahmen bilden nur die in trockeneren Gebieten lebenden *Lophognathus*-Arten – also alle außer *L. temporalis* –, die aber nicht mehr importiert werden und daher in der Privathaltung wohl nicht (mehr) vorkommen. Ihre Pflege wird deshalb hier nicht besprochen.) Speziellere Informationen werden dann, soweit erforderlich, in den Artkapiteln ergänzt.

2.1 Überlegungen vor dem Kauf

Wer sich für Echsen interessiert und sich von ihnen angesprochen fühlt, der wird kaum emotionslos an den Wasseragamenbabys, die im Zoohandel regelmäßig angeboten werden, vorbeigehen können. Der rundliche, fast überproportioniert wirkende Kopf passt hervorragend ins Kindchenschema, die kräftig grüne Färbung und die Lebhaftigkeit der Kleinen tun schnell ihr Übriges. Ein Blick auf den häufig moderaten Preis und den Geldbeutel – und schon haben zwei oder drei junge Agamen ein neues Zuhause gefunden. Ob ihnen dieses zusagt, hängt allerdings von vielen Faktoren ab.

Vor dem Kauf von Tieren generell, aber besonders vor dem von Exoten wie Reptilien, sollte man sich genau über die Ansprüche der zu-künftigen Pfleglinge informieren. Ganz ohne Bescheidenheit – im Fall von Wasseragamen ist ein guter Weg hierzu die Lektüre dieses Buches. Wenn Sie noch keine Reptilien gepflegt haben, sollten Sie zusätzlich ein geeignetes Werk über die terraristischen Grundlagen lesen (z. B. „Grundlagen der Reptilienhaltung" von JENS RAUH, 2000), da ich ein gewisses Basiswissen voraussetze, um den Umfang nicht zu sprengen.

Allerdings sieht die Realität oft anders aus: Allzu schnell ist eben doch ein Spontankauf getätigt, und die jungen Wasserdrachen hüpfen in einem 60-cm-Gesellschaftsbecken neben zwei Langschwanzeidechsen herum. Wenn es also schon passiert ist, sollten Sie erst recht die folgenden Kapitel lesen und bitte auch die entsprechenden Schlüsse ziehen – Sie müssen ja nicht alle Fehler wiederholen, die andere und ich schon gemacht haben.

Die wichtigste Überlegung vor dem Kauf einer Wasseragame oder Segelechse gilt der beachtlichen Größe, die diese Tiere erreichen (mit Ausnahme der Neuguinea-Wasseragame). Wenn auch die niedlichen Jungtiere noch in kleinen Terrarien gehalten werden, stellt sich das Problem der weiteren Unterbringung doch sehr schnell. Innerhalb weniger Monate wachsen sie nämlich heran und verlangen dann entsprechend viel Raum. Segelechsen sind mit Längen von über 1 m die größten Agamen überhaupt und werden zudem sehr massig. Auch die Grüne und die Australische Wasseragame sind kräftig gebaut und erreichen regelmäßig Gesamtlängen von 70 cm. Und selbst die kleinere Neuguinea-Wasseragame benötigt einigen Platz. Lesen Sie also aufmerksam den

Die niedlichen Babys der Grünen Wasseragame begeistern wohl jeden Echsenfreund. Foto: H. Werning

nachfolgenden Abschnitt („Das Terrarium") und fragen Sie sich, ob Sie ein derartig großes Terrarium auch wirklich aufstellen und unterhalten können. Lassen Sie sich nicht vom Verkäufer einreden, dass die Tiere a) im Terrarium grundsätzlich nicht so groß werden oder b) in kleinen Terrarien selbst klein bleiben. Beides sind offenbar beliebte Thesen – dabei handelt es sich aber einfach um blanken Unsinn. Wenn Wasseragamen in kleinen Terrarien nicht groß werden, dann nur, weil sie erkranken, kümmern oder vorher sterben. Folgen Sie Behauptung b), machen Sie sich außerdem der Tierquälerei schuldig.

Ihnen sollte außerdem klar sein, dass bei jungen Wasseragamen und Segelechsen das Geschlecht äußerlich nicht zu erkennen ist. Auch bei Tieren an der Schwelle zur Geschlechtsreife ist eine hundertprozentig sichere Bestimmung nicht möglich. Sie müssen also damit rechnen, dass Sie beim Kauf von zwei oder mehreren Jungtieren womöglich mehr als ein Männchen erstehen. Diese können dann spätestens ab der einsetzenden Geschlechtsreife normalerweise nicht mehr zusammen gehalten werden! Sie müssen für überzählige Tiere Abnehmer finden, was nicht immer leicht ist, oder Sie müssen die Tiere getrennt unterbringen – und natürlich jedes in einem ausreichend großen Terrarium. Andererseits ist es oft nicht unproblematisch, nachträglich Weibchen zu erhalten.

Weiterhin sollten Sie bedenken, dass Sie Ihre Wasseragamen mit lebenden Insekten füttern müssen. Auch die überwiegend pflanzenfressenden Segelechsen werden ergänzend mit tierischer Kost ernährt. Es sollten also in Ihrem Wohnumfeld keine Vorbehalte gegen den Umgang mit derartigem „Ungeziefer" bestehen, sonst sind Schwierigkeiten vorprogrammiert, denn garantiert wird trotz aller Vorsicht eines Tages eine Grille im Wohnzimmer auftauchen. Ein wertvoller Nahrungsbestandteil sind auch ganze Nagetiere, die ebenfalls oft lebend verfüttert werden; für viele Menschen – durchaus nachvollziehbar – ein ethisches Problem. Zwar können Sie alternativ auf tiefgefrorene Nager zurückgreifen, doch sollten Ihre Kühlschrankmitbenutzer dann robust genug sein, deren Lagerung zu tolerieren, wenn Sie keine Möglichkeit haben, die Tiefkühlkost nach Bedarf in einzelnen Portionen zu erstehen und direkt zu verbrauchen.

Seien Sie sich außerdem im Klaren darüber, dass Wasseragamen und Segelechsen bei richtiger Pflege recht alt werden, wie oben schon erwähnt; mit einer Lebenserwartung von etwa 15 Jahren sollten Sie bei den großen Arten rechnen, es kann auch einiges mehr sein.

Dass Wasseragamen und Segelechsen wie alle lebenden Tiere in menschlicher Obhut regelmäßige Pflege und damit Freizeit beanspruchen und ihr Unterhalt durch Futter sowie die erforderliche Energie für Licht und Heizung laufende Kosten verursacht, versteht sich von selbst, sollte aber vor dem Kauf ebenfalls durchdacht werden. Allerdings sind sie diesbezüglich eher genügsame Pfleglinge; sie bedürfen keiner täglichen Zuwendung, können auch für längere Zeit sich selbst überlassen bleiben, und der Energieaufwand, der für ihre artgerechte Haltung erforderlich ist, ist im Vergleich zu vielen anderen Echsen gering.

Leider werden die niedlichen Jungtiere immer wieder an völlig uninformierte Käufer abgegeben, und leider gibt es immer noch Zoohändler, die ihre Kunden nicht oder falsch über die Größe der erwachsenen Tiere und deren Platzansprüche informieren. Sind diese Aspekte aber bedacht, können Wasseragamen durchaus auch von Anfängern erfolgreich gepflegt werden. Erst einmal eingewöhnt, sind zwar auch Segelechsen gut haltbar, bis dahin kann es aber ein weiter Weg sein, und auch später bleiben sie insgesamt schwieriger. Sie sind also nur für erfahrene Terrarianer mit sehr viel Platz geeignet.

2.2 Rechtsfragen, Sachkunde und Mindestanforderungen

Wasseragamen und Segelechsen stehen in Europa nicht unter Artenschutz. Auch die Australische Wasseragame, die früher in Deutschland unter die Bundesartenschutzverordnung fiel, ist jetzt nicht mehr gelistet und kann ohne Einschränkungen gehandelt und gehalten werden.

Anders ist das in den Herkunftsländern. Eine ausführliche Zusammenstellung über die gesetzliche Lage in Australien ist bei WERNING (2000b) nachzulesen. Auch aus Papua-Neuguinea ist ein legaler kommerzieller Export von Reptilien derzeit nicht möglich. Auf den Philippinen ist der Handel mit Reptilien in jüngerer Zeit ebenfalls offiziell untersagt. Zwar gibt es dort offenbar einen regen „Schattenhandel" auf und zwischen den einzelnen Inseln, aber keine genehmigten Exporte (MAREN GAULKE, mdl. Mittlg.). Indonesien hat ein Quotensystem für den Export von Reptilien errichtet; jedes Jahr werden Fang- und Ausfuhrgenehmigungen für jeweils neu festgelegte Individuenzahlen heimischer Reptilien erteilt, darunter auch Segelechsen und Neuguinea-Wasseragamen (YUWONO 1998).

Auch wenn Wasseragamen und Segelechsen in Europa keinen artenschützerischen Vorschriften unterliegen, heißt das nicht, dass der Tierhalter sich um keine Gesetze zu scheren brauchte. Wie bei der Haltung aller Wirbeltiere gilt das Tierschutzgesetz. Es besagt z. B., dass die Tiere artgerecht untergebracht und alle Ansprüche, die sie stellen, erfüllt werden müssen. Dazu gehört neben angemessener Einrichtung des Terrariums, korrekter Temperatur und Feuchtigkeit auch ausreichend Raum für Bewegung. Natürlich wird man den meisten Reptilien im Terrarium nicht den gleichen Bewegungsraum zur Verfügung stellen können, den sie in der Natur nutzen, und schon gar nicht Wasseragamen und Segelechsen. Dies ist aber auch gar nicht erforderlich, denn Reptilien laufen nicht einfach spaßeshalber durch die Gegend, sondern sie wählen ihren Aktionsradius und ihre Bewegungsfrequenz so, dass ihre Bedürfnisse erfüllt werden. Das bedeutet, der Aktionsraum ist so groß, wie die Ressourcen es eben erfordern. Bei vielen Echsen wurde beobachtet, dass jüngere, rangniedere Tiere einen erheblich größeren Aktionsradius („Home Range") haben als ältere, dominante Artgenossen. Das liegt einfach daran, dass Letztere sich ein ideales Fleckchen sichern, wo alle Ressourcen – z. B. Sonnenplätze, Fluchtmöglichkeiten, Nahrung, Geschlechtspartner – sozusagen in greifbarer Nähe sind. Da dies im Terrarium ja auch der Fall sein sollte, ist eine artgerechte Haltung auch bei so großen Echsen wie Wasseragamen und Segelechsen durchaus möglich. Dennoch gehört Bewegung selbstverständlich zum natürlichen Verhalten, sodass die Möglichkeit hierfür gegeben sein muss. Um Tierquälerei zu verhindern, müssen an die Haltung Mindestanforderungen gestellt werden. Im

Streitfall liegen diese im Ermessen des Richters, jedoch gibt es außerdem das „Gutachten über Mindestanforderungen an die Haltung von Reptilien" vom 10. Januar 1997 (BML 1997), das im Auftrag des damaligen Bundesministeriums für Ernährung, Landwirtschaft und Forsten unter Beteiligung wichtiger Tierschutz-, Naturschutz- und Terrarianerverbände erstellt wurde. Hierin sind recht präzise Empfehlungen enthalten, die weiter unten näher ausgeführt und kommentiert werden.

Ein immer wieder vernachlässigter Aspekt ist, dass das Tierschutzgesetz natürlich auch für Kleinsäuger wie Mäuse gilt, auch wenn diese verfüttert werden sollen. Bis zur Verfütterung ist also ebenso für eine artgerechte Unterbringung zu sorgen, Quälereien beim Verfüttern sind unbedingt zu vermeiden. Es ist aufgrund der Tiertransportverordnung zudem untersagt, nestjunge Mäuse und Ratten aus kommerziellen Gründen zu transportieren und getrennt von der Mutter zu hältern.

Seit dem 1. Januar 2001 gibt es den Sachkundenachweis für Terrarianer. Dieser wird von den Verbänden DGHT (Deutsche Gesellschaft für Herpetologie und Terrarienkunde) und VDA (Verband deutscher Aquarien- und Terrarienvereine) ausgestellt, nachdem eine dem theoretischen Führerschein ähnliche Prüfung erfolgreich absolviert wurde. Dabei handelt es sich derzeit noch um eine völlig freiwillige Angelegenheit. Es ist damit zu rechnen, dass für potenziell gefährliche oder bestimmte geschützte Arten der Sachkundenachweis von den zuständigen Behörden bald obligatorisch gefordert werden wird. Da Wasseragamen und Segelechsen aber nicht zu diesen Tieren gehören, bleibt es dem Halter also zumindest zum jetzigen Zeitpunkt überlassen, ob er aus eigener Motivation diesen Nachweis erbringen möchte. Nähere Informationen erteilt die DGHT (s. Anhang).

Die derzeit beste Darstellung der tierschutzrechtlichen Grundlagen der Terrarienhaltung kann in dem schon erwähnten Buch „Grundlagen der Reptilienhaltung" nachgelesen werden (RAUH 2000).

2.3 Erwerb und Eingewöhnung

Wasseragamen und Segelechsen sind nahezu jederzeit verfügbar. Da die Situation bei den verschiedenen Arten jedoch sehr unterschiedlich ist, finden Sie

Hinweise zum Handel und Kauf in den speziellen Abschnitten.

Grundsätzlich gibt es drei Möglichkeiten zum Erwerb:

1) Zoofachhandel: Die Zahl der Zoogeschäfte mit Reptilienabteilung und von Terraristik-Fachgeschäften hat in den letzten Jahren sehr zugenommen. Wenn Sie sich selber noch nicht so gut auskennen, sollten Sie unbedingt nur in vertrauenswürdigen wirklichen Fachgeschäften kaufen. Das große Kaufhaus im Stadtzentrum, das in seiner Zooabteilung auch fünf Terrarien aufgestellt hat, die von einem ehemaligen Schuhverkäufer betreut werden, ist keine besonders geeignete Einkaufsmöglichkeit für etwas so Sensibles wie ein exotisches Tier. Zoogeschäfte mit größerer Terraristik-Abteilung auch in Ihrer Nähe können Sie in den Anzeigen in der Zeitschrift REPTILIA finden. Der Vorteil im Zoohandel ist, dass Sie die Tiere in ihrem Terrarium vor dem Kauf gründlich beobachten und ein längeres Beratungsgespräch mit dem Zoohändler führen können. Wenn Sie dieses Buch vorher gelesen haben, merken Sie auch schnell, ob Sie einen wirklich kompetenten Händler vor sich haben, der Sie richtig beraten kann und möchte, oder einen Verkäufer, der Ihnen nur etwas aufschwatzen will – leider auch keine Seltenheit.

2) Privat: Viele Terrarianer geben Nachzuchten oder „überschüssige" Tiere aus ihrer Haltung ab. Der Vorteil hierbei ist, dass Sie sich über die bisherigen Haltungsbedingungen informieren können. Am besten ist, Sie holen sich die Tiere selbst ab. Dann können Sie sich mit dem Halter austauschen oder sich beim Züchter dessen Terrarien ansehen. Züchter und Halter finden Sie mit Glück in Ihrem örtlichen Terrarienverein (z. B. DGHT-Stadtgruppe, s. Anhang) oder über Kleinanzeigen in der REPTILIA oder dem „Anzeigen Journal" der DGHT, manchmal auch in anderen Zeitschriften. Auch via Internet können Sie womöglich die gewünschten Kontakte knüpfen oder Anzeigen aufgeben und durchsehen.

3) Börsen: In den letzten Jahren gab es einen wahren Boom an Terraristikbörsen. Diese sind zwar nicht unumstritten, aber durchaus auch für den Kauf gerade von Nachzuchten gut geeignet.

Das Problem ist natürlich, dass die Tiere meistens nicht in einem Terrarium angeboten werden, sondern in kleineren Behältnissen wie Plastikdosen, sodass Sie sie nicht richtig beobachten können. Auch untersagen Börsenrichtlinien, dass man die Echsen aus ihren Behältern herausnimmt, weshalb eine genauere Inaugenscheinnahme nicht möglich ist. Vielleicht finden sie auf einer Börse einen Züchter, an den Sie sich auch später mit Fragen immer wieder wenden können, vielleicht hören Sie von dem Verkäufer aber auch nie wieder, denn eine feste „Anlaufadresse" fehlt. Hier müssen Sie sich einfach auf Ihren Eindruck und Ihre Menschenkenntnis verlassen.

Achten Sie beim Kauf aber auf jeden Fall darauf, dass die Tiere gesund erscheinen. Das bedeutet bei Wasseragamen und Segelechsen in erster Linie:

- Die Tiere müssen am Tag wach und aufmerksam, die Augen klar und geöffnet sein. Gesunde Jungtiere, auch Nachzuchten, versuchen zu fliehen, wenn man nach ihnen greift. Größere Agamen aus Privathand können auch bereits so an den Menschen gewöhnt sein, dass fehlendes Fluchtverhalten kein Indikator für einen schlechten Gesundheitszustand sein muss.
- Die Tiere sollen gut ernährt aussehen, vor allem dürfen sich die Knochen im Bereich der Schwanzwurzel nicht durch die Haut abzeichnen.
- Die Kloakenregion sollte nicht schmutzig bzw. verschmiert sein. Tiere mit großer Parasitenlast leiden häufig unter Verdauungsstörungen, die zu einem schmierigen Kot führen. Gesunde Tiere haben fast immer saubere Kloaken ohne Kotreste.
- Die Schnauze darf keine Verletzungen oder Abschürfungen aufweisen.
- Im Maul dürfen keine Beläge oder gar Parasiten erkennbar sein, die Schnauze muss trocken, der Atem unauffällig (leise und ohne Geruch) sein.
- Das Schuppenkleid soll glatt sein und darf keine Beulen, „verfärbte" Stellen oder offene Wunden aufweisen (vollständig verheilte Wunden können natürlich akzeptiert werden).

Neuzugänge sollten nach Möglichkeit erst etwa sechs Wochen in einem Quarantänebecken untergebracht werden. Auch gesund erscheinende oder noch gesunde Agamen können mit Krankheitserregern infiziert sein. Allerdings ist unbedingt darauf zu achten, dass schon dieses Quarantänebecken alle Voraussetzungen erfüllt, die die Agamen stellen. Im schlimmsten Fall kann es nämlich erst in der Quarantäne zu Problemen kommen, wenn das Terrarium beispielsweise zu klein ist, sodass die Tiere gegen die Scheiben springen und sich verletzen, oder wenn die klimatischen Bedingungen nicht ausreichend sind, sodass sie sich z. B. erkälten. Die Quarantäne ist dann unerlässlich, wenn man neu erworbene Tiere zu einem schon eingewöhnten Bestand setzen will. Der Erstbesatz kann auch gleich in das endgültige Terrarium einziehen, wenn dieses übersichtlich genug ist, dass man die Tiere gut beobachten, Kotproben entnehmen und die Agamen bei Bedarf später für eine eventuelle Therapie problemlos herausfangen kann. Allerdings muss im Krankheitsfall womöglich die gesamte Einrichtung ausgetauscht bzw. desinfiziert werden.

Das Quarantänebecken sollte daher zwar die gleichen Voraussetzungen erfüllen wie weiter unten beschrieben, nur ist alles auf ein Minimum beschränkt. Als Bodengrund nimmt man Küchen- oder Zeitungspapier, auf eine Bepflanzung wird verzichtet, und die Versteckmöglichkeiten sollten leicht kontrollierbar sein. Unverzichtbar sind passende Kletteräste, eine ausreichend große Wasserschale und die richtigen klimatischen Bedingungen.

Während der Quarantänezeit sollte man Kotproben untersuchen lassen. Bei Jungtieren entnimmt man einfach den kompletten, möglichst frischen Kothaufen, bei größeren Exemplaren reicht ein etwa kirschgroßes Stück. Den Kot überführt man z. B. in ein Filmdöschen, das dann verschlossen wird, damit die Probe nicht austrocknet. Anschließend schickt oder bringt man sie zur Untersuchungsstelle. Das kann ein mit Reptilien vertrauter Tierarzt sein oder ein entsprechendes Labor (s. Anhang). Ist die Kotprobe negativ, wurde also nichts Besorgnis Erregendes gefunden, reichen Sie nach vier Wochen eine zweite Probe ein. Ist auch jetzt alles in Ordnung, kann der Neuzugang bedenkenlos in seine neue Heimat entlassen werden. Wurden dagegen Erkrankungen oder Parasiten entdeckt, muss eine Therapie nach Vorgabe der Untersuchungsstelle bzw. des Tierarztes erfolgen.

Das große Problem bei der Eingewöhnung von Wasseragamen und Segelechsen, zumindest von Wildfängen, ist ihre anfänglich oft große Scheu und Hektik, die sie immer wieder vor die Scheiben des Terrariums schmettern lassen. Nähere Ausführungen dazu weiter unten (Kap. 2.12).

2.4 Das Terrarium

Wasseragamen und Segelechsen tolerieren kleine Behälter weit weniger gut als viele andere Reptilien. Sie werden sehr groß, stellen also schon deshalb recht hohe Anforderungen an die Ausmaße ihres Zuhauses. Zwar können vor allem ältere Tiere stunden-, manchmal sogar tagelang quasi unbeweglich auf ihrem Lieblingsast sitzen, doch spätestens wer erlebt, wie sich ein balzendes Pärchen durch das Terrarium jagt, sieht schnell ein, warum man ausreichend Platz braucht. Die mangelnde Größe des Terrariums ist sicher eine wichtige Ursache für das „Schnauzenproblem" (s. Kap. 2.12).

> Grundsätzlich gilt für alle adulten Wasseragamen und Segelechsen: Je größer das Terrarium, desto besser!

Natürlich gibt es sehr unterschiedliche Meinungen und Erfahrungen zu den richtigen Maßen. Das oben erwähnte Gutachten über die „Mindestanforderungen an die Haltung" gibt für das Terrarium für ein Pärchen Wasseragamen oder Segelechsen (*Physignathus, Hydrosaurus*) folgende Berechnungsformel vor: Man multipliziere die KRL der gepflegten Tiere für die Terrarienbreite mit 4, die Tiefe mit 3 und die Höhe mit 5. Alternativ kann die Formel auch 5 x 3 x 4 lauten. Für jedes weitere Weibchen (mehrere Männchen kann man, wie schon gesagt, normalerweise nicht gemeinsam pflegen) müssen 15 % auf die Grundfläche dazugerechnet werden. Zur Verdeutlichung einige Rechenbeispiele: Zur Pflege eines Pärchens durchschnittlich großer geschlechtsreifer Wasseragamen mit einer KRL von 20 cm müsste das Terrarium also 4 x 20 cm = 80 cm breit, 3 x 20 cm = 60 cm tief und 5 x 20 cm = 100 cm hoch

Großterrarium für Grüne Wasseragamen Foto: H. Werning

Nach der im Text beschriebenen Methode gebautes Holzterrarium für Wasseragamen Foto: H. Werning

Männchen) in einem 250 cm x 90 cm x 135 cm großen Terrarium gepflegt und erfolgreich nachgezogen (DEDEKIND & PETZOLD 1982).

Segelechsen benötigen größere Behälter. Einerseits, weil sie noch einmal ein deutliches Stück größer werden, andererseits, weil sie schreckhafter und stressanfälliger sind. KRASULA (1988) pflegte seine Tiere (ein Männchen, zwei Weibchen) in einem 130 x 200 x 200 cm großen Terrarium, VISSER (1984) gibt für vier Segelechsen (zwei Männchen, zwei Weibchen) 320 x 200 x 230 cm an.

sein; alternativ würden auch die Maße 100 cm x 60 cm x 80 cm reichen. Wird ein Männchen mit zwei Weibchen gleicher Größe gepflegt, müsste das Terrarium rechnerisch z. B. 80 cm x 69 cm x 115 cm oder 115 cm x 69 cm x 80 cm messen. Solche Terrarien sind entschieden zu klein! Noch deutlicher ist dieses Missverhältnis bei großen Segelechsen mit einer KRL von 30 cm. Hier müsste das Terrarium für ein Pärchen 120 cm x 90 cm x 150 cm bzw. 150 cm x 90 cm x 120 cm messen – viel zu wenig!

Meine **Wasseragamen** (*P. cocincinus, P. lesueurii*, jeweils zwei oder drei Tiere) leben in Terrarien der Maße 250 cm x 60 cm x 150 cm und 150 cm x 70 cm x 100 cm sowie 200 cm x 60 cm x 100 cm. Schon diese Terrariengrößen scheinen mir am unteren Limit und nur für Tiere vertretbar, die hierin groß geworden sind.

> Ich empfehle für ein *Physignathus*-Pärchen ein Terrarium von 200 cm x 100 cm x 150 cm (B x T x H) oder größer.

MANTHEY & SCHUSTER (1993) geben als Mindestmaße für *P. cocincinus* 250 cm x 140 cm x 90 cm an. ORTNER (1982) pflegte seine drei Tiere in einem Terrarium von 140 cm x 80 cm x 130 cm. Im Tierpark Berlin wurden 5–6 Tiere (darunter allerdings zwei

> Für ein Pärchen Segelechsen empfehle ich ein Terrarium mit den Maßen 200 cm x 150 cm x 200 cm (B x T x H) oder mehr.

Für die deutlich kleineren **Streifen-Wasseragamen** (*Lophognathus*) sind keine Mindestwerte im Gutachten angegeben. Es steht zu befürchten, dass ihre Ansprüche mit *Physignathus* gleichgesetzt würden. Das bedeutete, dass die Tiere bei einer KRL von etwa 10 cm ihr Dasein in 50 cm x 30 cm x 40 cm großen Terrarien fristen müssten. Versuchen Sie das auf keinen Fall! Die Neuguinea-Wasseragamen sind erheblich agiler als die großen Wasseragamen und brauchen in der Relation deutlich mehr Platz. Ich halte ein Pärchen in einem 150 cm x 70 cm x 100 cm großen Terrarium, ohne dass die Tiere darin verloren wirken.

> Als Minimum für ein Pärchen Streifen-Wasseragamen (*Lophognathus*) sehe ich Terrarienmaße von etwa 100 cm x 70 cm x 80 cm (B x T x H) an.

Jungtiere von Wasseragamen und Segelechsen sollten nicht in so großen Terrarien gehalten werden. Die Aufzucht gestaltet sich sonst weit schwieriger, und die Tiere bleiben scheuer. Die kleinen Agamen müssen also einmal umziehen. In den ersten Wochen können sie problemlos in Plastikterrarien („Fauna Box", ca. 30 cm x 15 cm x 20 cm) gepflegt werden. Evtl. müssen die Seiten verklebt werden, damit die Jungen nicht ständig gegen die durchsichtige Plastikwand rennen – das Problem tritt aber relativ selten auf. Zur Aufzucht einer Gruppe von bis zu fünf Tieren bis zu einem Alter von 4–6 Monaten empfehle ich etwa 80 cm x 50 cm x 80 cm große Terrarien. Danach können sie in das endgültige, große Terrarium umgesetzt werden.

Für Jungtiere und Neuguinea-Wasseragamen können Sie geeignete Glasterrarien im Handel problemlos erstehen, allerdings müssen Rück- und Seitenwände normalerweise abgeklebt werden, damit die Tiere nicht vor das Glas rennen oder springen. Derartig große Becken, wie sie zur Haltung von adulten *Physignathus* und *Hydrosaurus* erforderlich sind, lassen sich nicht einfach so im Zoogeschäft kaufen. Die kommerziell erhältlichen Terrarien werden normalerweise zudem aus Glas gefertigt, ein für Becken dieser Größe nicht unproblematischer und vor allem teurer Werkstoff.

Sie werden also in den meisten Fällen um den Selbstbau oder die Maßanfertigung durch einen Terrarienbauer kaum herumkommen. Gerade bei so großen Terrarien gibt es natürlich die unterschiedlichsten Herangehensweisen, die hier nicht alle näher vorgestellt werden können. Anregungen zum Bau von gemauerten Terrarien finden sich bei KÖHLER (2001). Die dort beschriebene Technik hat allerdings den Nachteil, recht aufwändig zu sein; dort werden Terrarien mit gemauertem Ytong-Steinsockel empfohlen. Weitere Tipps bis hin zum Umbau von ganzen Zimmern können Sie bei HENKEL & SCHMIDT (1997a) nachlesen.

Segelechsen brauchen besonders große Terrarien, wie hier im Zoo Dresden. Foto: H. Werning

Konstruktion eines Holzterrariums für Wasseragamen und Segelechsen

Ich bevorzuge Holzterrarien, die selbst von nur sehr bedingt heimwerkerisch begabten Personen – zu denen ich mich mit voller Berechtigung zählen darf – relativ leicht im Selbstbau erstellt werden können. Die Vorteile liegen auf der Hand:

- relativ geringes Gewicht
- niedrige Materialkosten
- einigermaßen geschickt konstruierte Holzterrarien können für evtl. Umzüge auseinandergebaut und später wieder neu errichtet werden
- relativ einfacher Selbstbau

Als häufigstes Gegenargument wird die angeblich mangelnde Feuchtigkeitsbeständigkeit genannt. Ich habe alle meine Holzterrarien jedoch seit 10–15 Jahren im Einsatz, ohne dass es zu größeren Problemen gekommen wäre. Sicherlich sind solche Becken ohne zusätzliche Maßnahmen nicht geeignet für Tiere, die ein permanent nasses Bodensubstrat verlangen (etwa Pfeilgiftfrösche). Bei einer Haltung mit feuchtem Substrat, Wasserbecken und regelmäßigem Sprühen gibt es aber nur geringe Probleme. Je nach Feuchtigkeit, Verarbeitung und Material kann die Bodenplatte nach einigen Jahren anfangen zu wellen. In solchen Fällen habe ich nach 8–10 Jahren eine genau eingepasste Styroporplatte auf die Bodenplatte gelegt, die Fugen mit Silikon sorgfältig abgedichtet und das Styropor selbst mit Latexfarbe, Holzleim oder Epoxydharz versiegelt. Diese Konstruktionen halten bis heute – und nach 15 Jahren wäre es auch durchaus hinnehmbar, ein neues Terrarium bauen zu müssen. INGO KOBER (schriftl. Mittlg.), der im Prinzip ähnliche Holzterrarien baut, tackert zudem noch eine Gartenteichfolie, die anschließend mit Silikon dicht verklebt wird, im Bereich der Bodenwanne an die Seitenwände. Auf diese Weise werden selbst Feuchtterrarien mit dauernassem Bodengrund möglich.

Als Grundmaterial für meine Holzterrarien verwende ich kunststoffbeschichtete Spanplatten, die man sich im Baumarkt gleich passend zuschneiden lässt. Die Stärke sollte je nach Größe des zu errichtenden Beckens 16–19 mm betragen. Wichtig ist, dass die Platten für den Innenbereich vorgesehen sind, da andere möglicherweise Formaldehyd ausdünsten, das als krebserregend gilt. Seitenwände, Rückwand und Boden bestehen aus je einer Platte, die mit normalen Holzschrauben zusammengefügt werden. Bei sehr großen Becken kann die Rückwand auch aus zwei Teilen bestehen, die Nahtstelle muss dann entsprechend fest verbunden (z. B. Metallplatten oder von hinten ein weiteres Brett aufschrauben) und mit z. B. Silikon versiegelt werden. Die Decke besteht ebenfalls aus einer Holzplatte und ist damit ganz geschlossen, oder man lässt in der Mitte eine Öffnung, die durch Fliegendraht verschlossen wird. An der Frontseite werden in jedem Fall nur zwei schmalere Bretter oben und unten befestigt, an die Führungsschienen für die Glas-Schiebescheiben angeklebt werden (dazu später mehr). Die Kontaktflächen kann man zur zusätzlichen Stabilisierung zuvor mit Holzleim bestreichen (was ein späteres Auseinanderbauen z. B. bei Umzügen allerdings vereitelt). Zusätzlich können innen noch Metallwinkel eingebracht werden.

Im nun fertig zusammengeschraubten Rohbau müssen sorgfältig und gründlich alle Fugen und Schraublöcher mit Silikon abgedichtet werden – die lückenlose Silikonverfugung ist der Schlüssel für die Feuchtigkeitsbeständigkeit! Vergisst man auch nur ein Stückchen, kann die Feuchtigkeit in die Holzplatten ziehen und diese zum Aufquellen bringen. Gleiches gilt für nicht haltende Silikonfugen. Beachten Sie also die Anweisungen auf den Silikonkartuschen und reinigen Sie die zu verfugenden Flächen gründlich: Silikon sollte nur auf trockenen, sauberen Flächen zum Einsatz kommen. Von außen können zudem Plastikwinkel zum Schutz auf die Kanten geklebt werden.

Nun müssen noch mittels einer Stichsäge Lüftungsflächen in das Terrarium eingearbeitet werden (kann man natürlich auch machen, bevor man die Bretter zusammensetzt). Größe und Lage der Lüftungsflächen sind von der Terrariengröße und den räumlichen Gegebenheiten abhängig. Ein gutes Lüftungssystem für Terrarien, deren Seiten frei stehen, ist, auf einer Seite ein Lüftungsgitter oben, auf der anderen eines unten zu installieren – auf diese Weise kommt es zu einer optimalen Zirkulation.

Fest im Terrarium installierter Wasserteil Foto: H. Werning

Auch kann man, wie erwähnt, den Deckel mit einer Lüftungsfläche versehen. Diese kann dann später noch flexibel angepasst werden, indem man sie teilweise mit deckungsgenauen Glasscheiben oder Platten bedeckt. Die Lüftungsflächen werden mit handelsüblichen Lüftungsgittern oder einfach mit Fliegendraht verschlossen; auch hierbei verwendet man am besten Silikon zur Abdichtung und Versiegelung. Dabei ist darauf zu achten, dass keine Drahtenden frei in das Terrarium ragen, an denen sich die Agamen verletzen könnten! Alternativ bzw. ergänzend kann man auch auf das untere Brett der Frontseite rechts, links und mittig kleinere Spanplatten kleben, auf die dann die Führungsschienen für die Scheiben kommen. Die frei bleibenden Stücke dienen als Lüftungsschlitze (INGO KOBER, schriftl. Mittlg.).

Auf die Bretter der Frontseite werden die Führungsschienen für die Glasscheiben montiert; dies können einfache Aluminium- oder Kunststoffschienen sein (Doppel-U- bzw. E-Profile, man kann natürlich auch zwei U-Profile aneinander kleben). Für größere Terrarien empfiehlt sich aber die Investition in die deutlich teureren Rollschienen, denn die großen Frontscheiben sind sonst nur schwer zu bewegen. Es ist darauf zu achten, dass der Spielraum für die Scheiben im oberen U-Profil so großzügig gewählt wird, dass sie nach oben angehoben werden können, damit sie dann bequem über die untere Führungsschiene reichen. So können sie problemlos herausgenommen werden (z. B. zur Reinigung oder für größere Umstrukturierungen). Der Spielraum für die Scheiben in der Schiene oben darf auch deshalb nicht zu knapp sein, da das Holz sich im Lauf der Jahre etwas verziehen kann, vor allem, wenn auf der Deckenplatte noch Schwergewichtiges steht. Das kann die Scheiben sehr schwergängig machen, möglicherweise kann man sie dann auch so gut wie nicht mehr herausnehmen oder im Extremfall nicht mehr bewegen (o. k., doch ein Nachteil bei Holzterrarien).

Die außen sichtbaren Holzschnittkanten kann man einfach und wirkungsvoll mit Zierleisten verkleiden – und fertig ist das Wasseragamenterrarium!

Freie Haltung im Zimmer

Je mehr Platz, desto besser – diese Prämisse legt den Gedanken nahe, Wasseragamen frei im Zimmer zu halten. Dagegen sprechen allerdings mehrere gewichtige Gründe. Die klimatischen Bedingungen müssen den Anforderungen der Tiere entsprechen; kaum jemand wird aber bereit sein, das Wohnzimmer dauerhaft auf 28 °C zu heizen und durch kleine Nebelanlagen schön schwül zu halten… Die gelegentlich praktizierte Methode, die Tiere frei im Zimmer zu halten und ihnen auf einem Kletterbaum einen Sonnenplatz mittels eines Spotstrahlers zu bieten, entspricht nicht ihren Bedürfnissen, da die Grundtemperatur einfach zu niedrig und die „Wärmeinsel" zu klein ist. Dieselben Bedenken gelten für die Luftfeuchtigkeit, die trotz Wasserschale in einem normalen Zimmer unter den erforderlichen Werten liegen wird. Außerdem sind „Menschenzimmer" voller Sicherheitsrisiken für die Tiere; Unfälle aller Art von der Quetschung in der Tür bis zum versehentlichen Drauftreten sind zu befürchten, und Schränke, Gardinen sowie Steckdosen sind nicht die Art Umgebung, an die Dschungeltiere angepasst sind.

Nichtsdestoweniger kann eine freie Zimmerhaltung eine interessante Alternative sein, wenn man einen ganzen Raum „wasseragamengerecht" gestalten kann – sei es, dass ein Terrarienzimmer in Klima und Einrichtung entsprechend gestaltet und gesichert, oder dass gleich ein ganzes Zimmer zu einem

Großterrarium umgebaut wird. Beide Optionen sind erfolgreich praktiziert worden und ermöglichen ein ganz neues Erleben der Tiere, die unter so großräumigen Bedingungen weitere Facetten ihres Verhaltens und der Sozialstruktur ausleben (LIE-

SACK 1999, 2001). Allerdings ist auch ein ganzes Zimmer immer noch weit entfernt von den räumlichen Gegebenheiten in der Natur – man sollte sich also nicht einbilden, eine große Gruppe mit mehreren Männchen in unbedingter Harmonie halten zu können. Im Gegenteil, auch in der Zimmerhaltung kann es zu heftigen Auseinandersetzungen kommen (LIESACK 1999, 2001).

2.5 Terrarieneinrichtung

Wasseragamen und Segelechsen zeichnen sich durch zwei Eigenschaften besonders aus: Sie sind wasserliebend und baumbewohnend. Daraus folgt die wichtigste Anforderung an die Einrichtung des Wasseragamenterrariums: Es muss ausreichend viele Kletteräste in richtiger Dimensionierung und Ausrichtung sowie einen großen Wasserteil enthalten.

Bei der Gestaltung des **Wasserteils** hat man freie Hand, denn die Anforderungen der Tiere sind bescheiden. Er muss lediglich groß genug sein, dass sie problemlos ganz hineinpassen und zudem auch darin untertauchen können. Außerdem müssen die Agamen das Wasser leicht wieder verlassen können – hierauf muss besonders bei Jungtieren geachtet werden. Schließlich muss gewährleistet sein, dass das Wasser in regelmäßigen Abständen gewechselt und das Becken problemlos gereinigt werden kann. Die Agamen setzen nämlich ihren Kot gerne bis fast ausschließlich ins Wasser ab, sodass dieses schnell verschmutzt. Ein interessantes Phänomen ist übrigens, dass Wasseragamen häufig in gerade frisch in das Terrarium eingebrachtes Wasser gehen und dort koten. Außerdem suchen die Tiere oft nach dem Fressen

Weibchen der Grünen Wasseragame auf einem Kletterast Foto: H. Werning

und während des Sprühens bzw. direkt danach das Wasser auf.

Als Mindestmaße für den Wasserteil sehe ich einen Durchmesser bzw. eine Kantenlänge des 1,5fachen der KRL der Tiere an. Das Wasserbecken darf aber auch bedenkenlos die Hälfte der Terrarienfläche ausmachen. Für Segelechsen sollte der Wasserteil sogar mindestens die Hälfte bis zwei Drittel der Grundfläche einnehmen. Die einfachste, aber vollkommen ausreichende Lösung besteht in einer entsprechend großen Plastikschüssel. Das ist zwar nicht sehr dekorativ, aber äußerst praktisch: Die Wasserschüssel kann problemlos aus dem Terrarium genommen werden, der Wasserwechsel und die gründliche Reinigung bereiten also keinerlei Probleme. Ich setze bei der Haltung der Grünen und der Australischen Wasseragame seit Jahren erfolgreich Plastikschüsseln mit einem Durchmesser von 40 cm und einer Tiefe von 15 cm ein, die von den Tieren problemlos angenommen werden. Natürlich sind zahllose ambitioniertere Varianten möglich. Besonders attraktiv und auch als Schauterrarien hervorragend zu gestalten sind Paludarien, also Terrarien mit fest eingebautem Wasserteil. Der Nachteil besteht in der schwierigeren Sauberhaltung. Fest installierte Wasserbecken sollten also auf jeden Fall mit leistungsstarken Wasserfiltersystemen, wie sie für die Aquaristik angeboten werden, ausgestattet sein. Nach Möglichkeit sollte der Wasserteil auch über einen Abfluss verfügen, weil so der in den meisten Fällen von Zeit zu Zeit nötige Wasserwechsel einfacher durchzuführen ist. Ansonsten müssen Sie auf die altgediente Schlauch-Ansaugmethode zurückgreifen – ein nicht gerade komfortabler Weg. Für Informationen über den Bau von Paludarien und über die ggf. erforderliche Aquarientechnik sollten Sie auf die diesbezügliche Fachliteratur zurückgreifen.

Bei größeren Wasserbecken empfiehlt es sich, einen Teil so flach zu gestalten, dass die Tiere dort problemlos stehen können oder sogar im Liegen die Nasenlöcher noch aus dem Wasser ragen. Manche Wasseragamen schlafen gerne im Wasser.

Wichtig ist, dass die Tiere das Wasser ohne Schwierigkeiten wieder verlassen können. Zwar sind Wasseragamen hervorragende Schwimmer und können lange tauchen – wenn sie aber nicht an Land zu-

Einfach und praktisch: Plastikschale als Wasserbecken
Foto: H. Werning

rückkommen, werden sie schlicht ertrinken. Besonders die Kräfte und Klettermöglichkeiten von Jungtieren sollten nicht überschätzt werden, um Tragödien vorzubeugen.

Der zweite essenzielle Teil der Einrichtung des Wasseragamen- und Segelechsenterrariums sind die **Kletteräste**. Der Großteil des Lebens der Agamen spielt sich auf ihnen ab. Die Äste dienen als Schlaf-, Ruhe-, Aussichts-, Lauer- und Sonnenplätze. Es gibt eigentlich nicht viel, was die Tiere dazu veranlasst, sie zu verlassen. Dementsprechend sind der Auswahl und Anbringung der Kletteräste größte Aufmerksamkeit zu widmen. Bevorzugt werden mehr oder weniger horizontale Äste, also solche, die relativ parallel oder mit einem Winkel von unter 45° zum Boden verlaufen. Zwar sitzen die Tiere ganz gerne auch mal an senkrechten oder schrägeren Stämmen, der Hauptaufenthaltsort sind aber waagrecht oder nur mäßig schräg verlaufende Äste. Dies muss bei der Einrichtung unbedingt berücksichtigt werden. Der zweite wichtige Aspekt ist der Durchmesser der Äste. Wasseragamen und Segelechsen sind gute Kletterer, jedoch keine Seilkünstler. Die Äste dürfen also nicht zu dünn gewählt sein. Der Durchmesser sollte etwa dem der Tiere entsprechen, dann können die Agamen bequeme Plätzchen finden.

Bei der Wahl der Schlafplätze zeigen die Agamen sehr individuelle Vorlieben; während die meisten Tiere sich auf horizontale Äste zurückziehen, verbringen andere die Nacht lieber in senkrechter Position. Manche Wasseragamen nächtigen sogar im Wasserteil, wie schon erwähnt, sofern sie an einer

Verfügt der Wasserteil über flachere Bereich, übernachten manche Wasseragamen auch gerne darin.
Foto: G. Weinberg

Stelle problemlos die Nasenlöcher aus dem Wasser halten können.

Ein ebenfalls wichtiger Punkt ist die **Rück- und Seitenwandgestaltung**. Viele Tiere, vor allem Importe, sind sehr schreckhaft; für ihr Sicherheitsbedürfnis ist ein möglichst umfassender Sichtschutz erforderlich. Nur die Front darf verglast sein, in Vollglasterrarien müssen Rück- und Seitenwände abgeklebt werden. Das Glasproblem gilt auch für viele eingewöhnte Agamen, die dennoch ein zeitlebens schwieriges Verhältnis zu diesem Material behalten (s. Kap. 2.12). Die einfachste Lösung ist es, die Scheiben von außen abzukleben. Die Wahl des Materials kann sich hier ausschließlich nach dem Geschmack des Halters richten, für die Tiere ist es ohne Bedeutung, ob sie vor nacktem Papier oder einer Fototapete mit Regenwaldmotiv sitzen. Bei Holzterrarien stellt sich dieses Problem nicht, hier sind lediglich ästhetische Gründe oder Erweiterungen des Aktionsradius zu erwägen. Eine übliche Methode der Rückwandgestaltung ist das Verkleben der Terrarienwände mit Korktapete oder -platten. Ich selbst habe früher 4 mm starke Korkplatten verwendet, deren Einsatz in Feuchtterrarien aber auch Probleme bereitet. Werden die Platten nicht mit Korkkleber über ihre gesamte Fläche fest an die Wände angeheftet, wellen sie sich bei akuter Feuchtigkeitseinwirkung (Einsprühen) stark, was auf Dauer zu „Erosionserscheinungen" führt; die Platten platzen auf und blättern in Teilen ab. Dies geschieht beispielsweise schnell, wenn man – wie ich es praktiziert habe – die Platten einfach mit Silikon an die Rückwände klebt. Auf jeden Fall besser geeignet, aber auch deutlich teurer ist der sog. Dachdeckerkork, der in unterschiedlich starken Platten erhältlich ist (darauf achten, dass keine Schadstoffe enthalten sind). Natürlich lassen sich auch im Wasseragamenterrarium die Rück- und Seitenwände so gestalten, dass sie von den Tieren als zusätzliche Fläche genutzt werden können. Aufgrund ihrer Größe ist das allerdings weniger einfach als für kleine Echsen, für die das einfache Bekleben mit Kork oft schon eine Vervielfachung ihres Aktionsradius bedeuten kann. Große Wasseragamen und Segelechsen können sich aber aufgrund ihres Eigengewichts nicht oder nicht über längere Zeit an senkrechten Wänden halten. Sollen sie die Wände

dennoch nutzen können, muss der Pfleger daher größere Terrassen, Plateaus und andere Strukturelemente einbringen. Dies ist bei einer entsprechend starken Schicht Dachdeckerkork durch Einschnitzen der gewünschten Strukturen relativ leicht zu realisieren. Natürlich können auch alle Methoden der Rückwandgestaltung durch Kunstfelsen gewinnbringend genutzt werden, wie sie in der Terrarienliteratur mehrfach publiziert sind (z. B. HENKEL & SCHMIDT 1997a). Besonders praktisch ist dabei der Einsatz von Styropor, das problemlos modelliert werden kann, sodass sich mit Fantasie und Geschick jedwede Rückwandgestaltung realisieren lässt, vom Regenwald-Wasserfall bis zum Urwaldriesen-Baumstumpf. Das Styropor muss gegen die kräftigen Agamenkrallen gut gesichert werden, indem Fertigbeton, Fliesenkleber, Epoxydharz oder andere Materialien auf die Konstruktion gegeben werden. Dies kann dann nach Wunsch eingefärbt, angestrichen oder mit Materialien wie Sand oder Rindenstücken optisch attraktiv gestaltet werden.

So geschaffene Zusatzflächen werden von den Agamen während ihrer Aktivitätsphase zum „gelegentlichen Aufenthalt" gerne angenommen; die eigentlichen Sitzplätze bleiben aber die Kletteräste, sodass bei entsprechend reicher Ausstattung damit letztlich bedenkenlos auf eine Rückwandgestaltung verzichtet werden kann. Letztlich ist auch dies eher eine Geschmacksfrage.

Ähnliches gilt für die **Bepflanzung**. Eine üppige Bepflanzung ist förderlich für das Terrarienklima und sehr dekorativ; besonders bei Jungtieren hat sie sich bewährt. Man sollte aber von vornherein einplanen, dass vor allem größere Agamen alles andere als zimperlich mit den Pflanzen umgehen. Ihr Körpergewicht kann Blätter abreißen oder Stängel abknicken lassen, und mit ihren Krallen ritzen sie Blätter häufig ein. Die Gewächse sollten also sehr robust und/oder außerhalb des Aktionsraums der Echsen angebracht sein. Eine effektive Lösung besteht darin, einen Teil der Pflanzen in Hängetöpfen oder Pflanzkästen so unterzubringen, dass die Agamen nicht herankommen.

Geeignet sind alle handelsüblichen Tropenpflanzen, die gut unter den feuchtwarmen Klimabedingungen im Terrarium gedeihen. Gute Erfahrungen liegen mit *Yucca, Ficus, Schefflera, Monstera deliciosa, Scindapsus aureus, Dracaena fragans,* Geweihfarnen (*Platycerium*) und großen Bromelien vor. BERT LANGERWERF (schriftl. Mittlg.) empfiehlt Ananas, da sie sehr stark ist und auch mal austrocknen kann, ohne Schaden zu nehmen. Man dreht den Spross (die Blätter) als Ganzes von der Spitze einer Frucht ab, lässt sie zwei Wochen trocknen und legt sie dann auf feuchte Erde (nicht einpflanzen!). Die Wurzeln erscheinen nach wenigen Wochen.

Ein Teil meiner Wasseragamen ist aber auch über Jahre problemlos in vollkommen pflanzenlosen Terrarien gepflegt worden. Bei Segelechsen gestaltet sich die Bepflanzung aufgrund ihrer Nahrungspräferenz für Grünpflanzen noch schwieriger, wenn auch bestimmte Arten anscheinend verschont werden (s. Kap. 5.8). Ansonsten kommt nur eine außerhalb der Reichweite der Tiere angebrachte Bepflanzung in Frage.

Ein kleiner Tipp zur Gestaltung eines großen, attraktiven Schauterrariums: Sie können sehr schöne Bromelien- oder sogar Orchideen-Äste gestalten und diese so im Terrarium aufhängen, dass die Wasseragamen nicht darauf klettern oder springen können. So entsteht ein echter Regenwald-Eindruck, und man kann schöne, womöglich blühende Pflanzen pflegen, ohne dass die großen Echsen alles gleich kaputttrampeln. Hinweise zum Anlegen solcher Epiphyten-Äste und zur Pflege der Pflanzen (die teilweise aufwändiger sein kann als die der Tiere) liefern SCHWARZ & SCHWARZ (2001) in ihrem Buch „Bromelien, Orchideen und Farne im Tropenterrarium".

Der Wahl des **Bodengrunds** kommt keine große Bedeutung zu. Vom früher von mir verwendeten Kunstrasen (WERNING 1993) für eine pflegeleichte Haltung würde ich heute abraten. Zumindest bei den „filzigen" Ausführungen besteht die Gefahr, dass die Tiere sich mit den Zehen im Kunststoffgeflecht verfangen und so verletzen. Eine meiner Agamen hat auf diese Weise einen Zeh ganz verloren. Jungtiere können sich auch beim Schnappen von Beutetieren mit den Zähnen verhaken; zu Unfällen ist es dabei bei mir zwar noch nicht gekommen, angenehm ist das für die Tiere aber sicher nicht.

Die einfachste Lösung besteht im Einbringen einfacher Pflanzenerde. Sie kann viel Feuchtigkeit aufnehmen und sieht natürlich aus. Die Weibchen legen in dieses Substrat problemlos ihre Eier ab. Der Nachteil ist, dass frisch eingebrachte Pflanzenerde unter den feuchtwarmen Terrarienbedingungen anfangs häufig schimmelt; das geht nach ein paar Tagen allerdings wieder vorbei. Oft schlüpft aus der Erde auch eine Unzahl kleiner, unattraktiver Fliegen, die zumindest für Agamen nicht mal als Futter taugen. Auch das geht relativ schnell vorbei (etwa zwei Wochen), ist aber etwas lästig, da die Winzlinge natürlich zwischen den Scheiben und auch durch den Fliegendraht nach draußen entweichen können und dann schnell Schreibtisch, Couch und Mülleimer besiedeln. Gäste könnten sich wundern und das missverstehen. Ein weiteres Problem bei Blumenerde ist ihre geringe Wasserhaltekapazität, d. h., sie kann zwar viel Wasser aufnehmen, bindet es aber nicht besonders gut. Der Boden trocknet schnell aus. Einmal ausgetrocknete Pflanzenerde aber staubt sehr und nimmt Wasser nur noch schlecht wieder an. Eine Verbesserung der Materialeigenschaften von Pflanzenerde lässt sich durch die Beimischung von etwa einem Viertel bis einem Drittel Sand erreichen. Grundsätzlich besser geeignet sind Torf oder Torf-Erde- bzw. Torf-Sand-Gemische. Allerdings ist die Verwendung von Torf aus Naturschutzgründen (die Gewinnung erfolgt durch den Abbau von Mooren) generell problematisch.

Perfekte und inzwischen auch durchaus preislich akzeptable Alternativen bietet seit einiger Zeit der Zoohandel. Von verschiedenen Anbietern wird Kokossubstrat verkauft, das in eher erdähnlicher Form oder als „Flocken" abgepackt erhältlich ist. Dies halte ich inzwischen für ein optimales Substrat für Feuchtterrarien. Die Kokoschips werden zu Ziegeln gepresst angeboten, sind also in diesem Zustand relativ kleinvolumig und leicht transportabel oder verschickbar. Zu Hause werden sie nach dem Auspacken werden sie erst einmal einige Stunden gewässert. Es ist faszinierend, wie viel Wasser dieses Material aufnimmt und zu welchen Volumenausdehnungen es dabei kommt! Alternativ gibt es dieses Material auch ungepresst in Beuteln. Die Flocken halten die Feuchtigkeit hervorragend, und auch nach Austrocknung nehmen sie Wasser sofort wieder an.

Offenbar geht von ihnen auch keine Gefahr für die Tiere (anders als z. B. von Hobelspänen o. Ä.) aus, wenn sie verschluckt werden. Auch Rindeneinstreu oder sog. „Terrarienhumus" bzw. „Terrarienmulch" und Moos sind gut geeignet. Wasseragamen sind außerdem erfolgreich auf feuchtem Sand und Kies gehalten worden.

2.6 Technik

Wasseragamen und Segelechsen stellen – zumindest in Relation zu vielen anderen tagaktiven Echsen – keine allzu hohen Ansprüche an die technische Ausstattung des Terrariums. Alle Agamen sind tagaktiv. Zum Wohlbefinden benötigen sie ausreichend Licht, das normalerweise nur über künstliche Beleuchtung zu erzielen ist. Als Waldbewohner haben Wasseragamen aber kein so ausgeprägtes Lichtbedürfnis, sie sind keine „Sonnenanbeter". Die **Grundbeleuchtung** erfolgt über Leuchtstofflampen, HQL- oder HQI-Strahler (Quecksilber- bzw. Jod-Dampfentladungslampen). Nach meinen Erfahrungen reichen für ein normalgroßes Terrarium für Wasseraga-

men 2–3 Leuchtstofflampen, die ungefähr die gesamte Länge des Terrariums ausmachen sollten. Sie werden, je nach Terrarienkonstruktion, über oder im Terrarium an der Decke angebracht. Es empfiehlt sich eine Feuchtraumfassung. Die Lichtfarbe spielt kaum eine Rolle; sie sollte dem natürlichen Tageslicht am nächsten kommen. Noch besser geeignet sind die sehr lichtstarken HQL- oder HQI-Leuchten.

Zusätzlich zu dieser „Grundausleuchtung" muss den Tieren die Möglichkeit zum „**Sonnenbad**" gegeben werden. Hierzu installiert man als lokale Licht- und Wärmeinsel Spotstrahler, die einen Punkt im Terrarium so bestrahlen, dass die Agamen sich dort aufwärmen können. Werden mehr als zwei oder drei Tiere in einem Terrarium gepflegt, sollte man auch zwei oder mehr solcher „Sonnenplätze" anbieten, da meist nur ein oder zwei Tiere gleichzeitig einen solchen Ort nutzen können.

Viel diskutiert wurde in der Vergangenheit über **UV-Licht**. Heute herrscht unter Echsenpflegern weitgehend Einigkeit darüber, dass es einen positi-

Diese Wasseragamen-Anlage mit großem Wasserteil, Kletterästen und üppiger Bepflanzung wird mit Leuchtstofflampen beleuchtet. Foto: H. Liesack

ven Einfluss auf tagaktive Tiere hat. Es dient der Synthese des lebensnotwendigen Vitamins D_3 und wirkt sich förderlich auf Aktivität, Gesundheit und Färbung der Pfleglinge aus. Während sein Einsatz bei heliophilen Echsen sehr ratsam ist und der Verzicht darauf entsprechende Ausgleichsmaßnahmen (gut dosierte Vitamingaben) erfordert, können Wasseragamen auch problemlos ohne UV-haltiges Licht gesund erhalten und langjährig sowie über Generationen zur Fortpflanzung gebracht werden. Ich habe – obwohl ich bei der Haltung heliophiler Echsen ein großer Befürworter von UV-Licht bin – bei beiden *Physignathus*-Arten noch niemals UV-Licht eingesetzt und keinerlei negative Symptome bis in die Nachzucht der dritten Generation bei *P. cocincinus* feststellen können. Nach meiner Erfahrung ist auch zur Aufzucht der Jungtiere UV-Licht nicht erforder-

lich, hier aber hilfreich. Auch PETERS (1986) berichtet, man habe testhalber Jungtiere der Australischen Wasseragame ohne jedes UV-Licht aufgezogen und bis zum Alter von zweieinhalb Jahren keinerlei Mangelerscheinungen feststellen können. UV-Licht abstrahlende Leuchtstofflampen, wie sie seit einigen Jahren für den Reptiliensektor auf dem Markt sind, dürften im Wasseragamenterrarium nur sinnvoll sein, wenn die Aufenthalts-Äste der Tiere sich weit oben befinden, da die Reichweite der UV-Strahlen dieser Lampen sehr gering ist (20–30 cm). Bei Jungtieren, die in kleinen Aufzuchtterrarien heranwachsen, ist ein sinnvoller Einsatz aber sicher möglich. Die bewährteste Methode der UV-Bestrahlung sind die „Osram Ultra-Vitalux"-Lampe oder ähnliche Typen anderer Hersteller. Diese 300-Watt-Strahler senden eine intensive UV-Strahlung aus und geben

Solche Streitigkeiten zwischen Grünen Wasseragamen können sehr heftig verlaufen. Foto: H. Liesack

zudem sehr viel Licht und Wärme ab – ideal für Wüstentiere, aber auch für Regenwald-Großterrarien durchaus nutzbringend einzusetzen. Bei Wasseragamen und Segelechsen ist eine Bestrahlung aus einem Abstand von etwa einem Meter oder mehr für ca. 30 Minuten täglich empfehlenswert. Seit neuem gibt es auch ähnliche UV-Strahler mit geringerer Leistung (Wattzahl) und weniger UV-Anteil (WERNING 2001). Diese eignen sich auch als „Dauerspotstrahler" für das „Sonnenbad". Erste Erfahrungsberichte bei der Haltung von Echsen aus Trockengebieten sind sehr positiv, doch fehlen noch Langzeitbeobachtungen.

Beim Kauf einer UV-Lampe ist vor allem auf einen hohen UV-B-Anteil (im Bereich um 300 nm) zu achten, da nur dieser Teil des Spektrums die Vitamin-D_3-Synthese anregt.

Die **tägliche Beleuchtungsdauer** kann für die tropischen Arten bedenkenlos das Jahr über konstant 12 Stunden täglich betragen, bei der Grünen Wasseragame liegen auch positive Erfahrungen mit einer geringfügigen Reduktion der Tageslichtlänge um ein 1–2 Stunden im Winter vor (s. Kap. 3.1.13). Für die weiter südlich vorkommende Australische Wasseragame gelten andere Klima- und Beleuchtungsvoraussetzungen (s. Kap. 3.2.7 und 3.2.13). Die Beleuchtung muss auf jeden Fall über eine Zeitschaltuhr gesteuert werden – schon aus praktischen Gründen, aber auch, weil die Tiere sich auf einen „geregelten" Tagesablauf einstellen. Dennoch bin ich der Meinung, dass Terrarientiere nicht unter zu gleichförmigen Bedingungen gehalten werden sollen. Auch in der Natur gibt es ständig Klimaschwankungen, mal ist es bewölkt, mal sonnig, mal sorgt eine Schlechtwetterperiode tagelang für Abkühlung und grauen Himmel. Das ist natürlich nicht zu simulieren (und auch gar nicht notwendig), dennoch reagiere ich sehr gelassen, wenn z. B. ein Spotstrahler seine Lebensdauer überschritten hat. Mit der Auswechslung lasse ich mir dann gerne ein paar Tage Zeit. Aus demselben Grund halte ich auch nichts von ausgefeilter Regeltechnik, die die Klimabedingungen im Terrarium ständig konstant hält.

Die **Temperaturen** für Wasseragamen und Segelechsen sollten tagsüber 25–32 °C betragen, an den lokalen Wärmeplätzen etwa 40 °C. Die Tiere legen sich dann bei Bedarf an einen solchen Sonnenplatz, um Wärme zu tanken, bis sie ihre bevorzugte Körpertemperatur erreicht haben. Nachts stellt man alle Heiz- und Leuchtquellen aus und erreicht so ein Absinken der Werte auf Zimmertemperatur. Unter 18 °C sollten die Temperaturen in der Regel aber nicht fallen, wenn niedrigere Werte zumindest von *Physignathus* auch gut vertragen werden. Im Grunde gelten diese Angaben auch für die Australische Wasseragame, die allerdings erheblich robuster gegenüber tieferen Temperaturen ist. Um die erforderlichen Werte zu erreichen, sollten Sie erst einmal die Temperaturen im Terrarium während einiger Tagesverläufe messen. Je nach technischer Ausstattung und Standort des Terrariums reicht die Beleuchtung allein bereits oftmals aus, um die angegebenen Werte zu erreichen. Falls nicht, können Sie das Terrarium entweder durch die Installation weiterer oder leistungsstärkerer Beleuchtungskörper wärmer bekommen oder ein Heizkabel bzw. eine Heizmatte anbringen. Heizkabel werden im Terrarium verlegt, Heizmatten darunter (nutzlos und sogar gefährlich bei Holzterrarien). Beide Varianten sind in quasi jeder erforderlichen Wattstärke im Zoohandel zu erstehen. Grundsätzlich ist beim Verlegen dieser Heizgeräte größte Sorgfalt angebracht. Ungünstig über Kreuz liegende Schlingen von Heizkabeln können schnell schmoren und schlimmstenfalls einen Brand verursachen. Vorsicht bei Holzterrarien: Leistungsstarke Heizkabel dürfen nicht einfach auf die Bodenplatte gelegt werden; man muss für eine sichere Unterlage sorgen (Metallplatte, Fliesen etc.). Die ebenfalls als Heizquellen angebotenen Wärmestrahler oder Infrarotstrahler (Elsteinstrahler) lehne ich für die Haltung tagaktiver Echsen generell ab; diese sind nämlich auf die Kombination von Strahlungswärme und -licht „gepolt", Wärmestrahlung ohne Licht scheint mir unnatürlicher als eine Heizquelle im Boden. Allerdings sei der Ehrlichkeit halber hinzugefügt, dass auch mit diesen Strahlern positive Erfahrungen anderer Halter und Autoren vorliegen.

> Für alle Wasseragamen und Segelechsen gilt: Tagestemperatur im Terrarium 25–32 °C, lokal 40 °C, nachts Zimmertemperatur.

Ungemein nützlich und sehr empfehlenswert sind **Beregnungs- oder Beneblungsanlagen**, die im Terrarium für Wasseragamen und Segelechsen gute Dienste leisten. Beregnungsanlagen lassen sich aus für den Gartenbedarf üblichen und im Gartencenter erhältlichen Bewässerungssystemen erstellen oder sind fertig für den Terrarieneinsatz im Fachhandel zu erstehen (NOWARK 2001). Vernebler existieren in den unterschiedlichsten Ausführungen vom kleinen batteriebetriebenen Ultraschallvernebler bis zur richtigen Nebelanlage; sie werden im auf Reptilienbedarf spezialisierten Fachhandel regelmäßig angeboten.

2.7 Sozialstruktur im Terrarium

Eine harmonisierende Agamengruppe zusammenzustellen, ist keine so leichte Aufgabe. Wasseragamen und Segelechsen können ein sehr unterschiedliches Sozialverhalten an den Tag legen, abhängig von Jahreszeit, Alter, Terrariengröße, individuellem Charakter und Vorgeschichte der Haltung.

Pärchen können bei allen Arten gut zusammen gepflegt werden
Foto: G. Weinberg

Generell gilt, dass man Jungtiere normalerweise unproblematisch zusammen halten kann. Je älter die Tiere jedoch werden, desto aggressiver können sie gegenüber Artgenossen sein. Grundsätzlich sind Grüne Wasseragamen in sozialen Fragen am problematischsten. Australische Wasseragamen, Neuguinea-Wasseragamen und Segelechsen sind insgesamt untereinander verträglicher.

Pärchen können bei allen Arten problemlos und ganzjährig zusammen gepflegt werden. Männchen sind ab einem Alter von 6–12 Monaten in der Regel untereinander unverträglich und können in normal großen Zimmerterrarien nicht zusammen gehalten werden. Es kann sonst zu heftigen Auseinandersetzungen kommen, bei denen die Tiere sich zunächst androhen und schließlich aufeinander losgehen und sich gegenseitig durch Bisse zu verletzen suchen (s. Artkapitel). Dies führt u. U. zu ernsthaften oder sogar tödlichen Verletzungen. In der Regel passiert das, wenn zwei geschlechtsreife, bislang einzeln lebende Männchen zusammengesetzt werden. Wird ein Männchen in das Terrarium eines anderen gesetzt, versteht der Alteingesessene dies als Eindringen in sein Revier und verhält sich aggressiv gegen den Neuling. Ebenso häufig – vor allem bei gemeinsam aufgezogenen oder gleichzeitig eingesetzten Tieren – kommt es vor, dass die Tiere zwar keine offenen Konflikte austragen, sich aber dennoch ein Männchen als dominant erweist und den oder die unterlegenen Geschlechtsgenossen psychisch unterdrückt. Dies kann dazu führen, dass eine rangniedere Agame sich oft versteckt hält, unter Stress lebt, nicht richtig frisst, kümmert und letztlich zugrunde geht. Solche unterdrückten Tiere erkennt man daran, dass sie sich häufig versteckt halten, insgesamt schüchtern auftreten und häufig im Vergleich zu den anderen Tieren dunkler gefärbt sind. In so einem Fall muss das betroffene Tier aus dem Gesellschaftsterrarium herausgenommen und einzeln gepflegt werden. Ich rate also grundsätzlich davon ab, Wasseragamenmännchen in Zimmerterrarien miteinander zu vergesellschaften. Allerdings sei darauf hingewiesen, dass DEDEKIND & PETZOLD (1982) in einem 250 cm x 90 cm x 135 cm großen Terrarium erfolgreich zwei Männchen der Grünen Wasseragame mit 3–4 Weibchen zusammenpflegten. Auch DE VOSJOLI

(1992) gibt an, dass Männchen von *P. cocincinus* nicht sehr aggressiv seien und u. U. gemeinsam gehalten werden können. MEEK (1999) pflegte in einer Gewächshausanlage von 6 m x 5,5 m x 4 m eine Gruppe mit einem adulten und einem subadulten Männchen dieser Art. Die Tiere vertrugen sich, jedoch hielt sich das rangniedere Männchen nur in einem kleinen, weit vom Revier des dominanten Tiers entfernten Bereich auf. Dagegen kam es bei LIESACK (2001) während der Haltung von neun Grünen Wasseragamen in einem 20-m²-Raum nach Zeiten größerer Harmonie zu Perioden heftiger Streitigkeiten, in deren Folge das jüngere von zwei Männchen schließlich vermutlich an Stress nach Dauerattacken durch das ältere Männchen und ein dominantes Weibchen starb. Später setzte er ein Männchen mit drei Weibchen zusammen, die aber attackiert wurden. Bei einem biss das Männchen gar den Fuß ab. Auch VELENSKÀ & KODYM (2002) pflegten eine Gruppe *P. cocincinus* mit zwei Männchen. Das unterlegene Tier gliederte sich zunächst ein, indem es als „Pseudo-Weibchen" auftrat. Nach einigen Jahren startete es aber plötzlich eine Attacke auf den älteren Geschlechtsgenossen, durchbiss ihm ein Bein und war fortan das dominante Tier.

Bei EGERT (2002) zeigten sich außerhalb der Paarungszeit zwei Männchen der Australischen Wasseragame in einem Gewächshaus verträglich, aber trotz der großen zur Verfügung stehenden Fläche (6 m x 12 m) kam es im Frühjahr zu heftigen Auseinandersetzungen und deutlichen Stresssymptomen beim unterlegenen Tier, sodass es separiert werden musste. GONZALES (1974) pflegte eine Segelechsen-Gruppe mit zwei Männchen in einem Terrarium nicht genannter Größe. Zwar kam es zu gelegentlichen Auseinandersetzungen zwischen den Männchen, doch konnten die Tiere zusammen gehalten werden.

Weibchen kann man grundsätzlich eher zusammen pflegen, doch auch sie sind vor allem bei der Grünen Wasseragame oft untereinander sehr unverträglich. Ständige Drohgebärden (vor allem das „Armrudern") und auch kleinere Verfolgungsjagden oder Beißereien sind im Terrarium normal. Es bildet sich eine Rangfolge aus: Das dominierende Weibchen präsentiert sich auffällig und behauptet durch kleinere Attacken auf die unterlegenen Weibchen immer mal wieder seine Position. Entsprechend leben die rangniederen Tiere etwas versteckter, sind oft ängstlicher und dunkler gefärbt. Wie stark sich dieses Sozialgefüge ausbildet, ist von Fall zu Fall vollkommen unterschiedlich. Während eine meiner Gruppen eine solche Sozialhierarchie sehr deutlich zeigte, lebten in einem anderen Terrarium ein Männchen und zwei Weibchen ohne erkennbare Hierarchie vollkommen friedlich zusammen. Andererseits kann es auch zwischen Weibchen zu der oben beschriebenen „psychischen Unterdrückung" kommen, die sich genauso äußert, d. h., das unterlegene Weibchen ist verängstigt, lebt versteckt und kümmert schließlich. Hier hilft wieder nur die Separierung. Ein Indiz hierfür liefert auch die schon erwähnte Studie von MEEK (1999); die drei im Gewächshaus gepflegten Weibchen besetzten Reviere, die sich kaum überlappten, sie gingen sich also weitgehend aus dem Weg.

Auf jeden Fall ist es vorteilhaft, eine Gruppe aufzubauen, indem man Jungtiere von Anfang an zusammen pflegt und nicht harmonisierende Tiere allmählich aussortiert; werden adulte Tiere zusammengesetzt, wird es mit weitaus größerer Wahrscheinlichkeit zu Problemen kommen.

Aber selbst, wenn man Jungtiere gemeinsam aufzieht, treten manchmal schwere Auseinandersetzungen auf: WOLFGANG WENGLER (mdl. Mittlg.) pflegte sechs Jungtiere von *P. cocincinus* in einem Terrarium der Maße 180 cm x 120 cm x 60 cm, die sich im Alter von 8–12 Monaten – vier der Agamen entpuppten sich als männlich – heftige Beschädigungskämpfe lieferten. Dabei kam es zu Bissverletzungen am Körper und Verlust von Zehen und Schwanzstücken. Zunächst mussten die drei schwächeren Männchen entfernt werden, aber auch die beiden Weibchen vertrugen sich nicht: Letztlich konnte nur ein harmonisierendes Pärchen im Terrarium verbleiben.

2. 8 Vergesellschaftung

Viele Terrarianer möchten verschiedene Arten zusammen pflegen. Ein verständlicher Wunsch, denn welcher Halter fühlt sich nicht von zahlreichen Tieren angesprochen und würde diese gerne pflegen,

Segelechsen und Grüne Wasseragamen können in sehr großen Terrarien eventuell vergesellschaftet leben. Foto: H. Liesack

schaftungen, bei denen keine Schwierigkeiten erkennbar sind.

Möchte man Wasseragamen mit anderen Echsen zusammen pflegen, muss zunächst die Größe der Tiere bedacht werden. Wasseragamen sind Räuber und greifen womöglich jede andere Echse an, die sie überwältigen könnten (dies gilt übrigens auch für Jungtiere der eigenen Art und selbst den eigenen Nachwuchs). Eine Vergesellschaftung ist also nur mit großen Arten möglich. Grundsätzlich kann man die beiden *Physignathus*-Arten zusammen pflegen (DIRK SCHERER, mdl. Mittlg.); ich würde aber schon aufgrund der unterschiedlichen klimatischen Ansprüche abraten. Gelingen kann die gemeinsame Pflege von Grünen Wasseragamen mit Grünen Leguanen (*Iguana iguana*) oder Basilisken (*Basiliscus*), wenn das Terrarium entsprechend groß ist (z. B. DE VOSJOLI 1992; STEHR 1984). Auch hier ist aber Vorsicht angebracht. Männchen der Grünen Leguane können vor allem zur Paarungszeit extrem aggressiv sein und sind dabei oft nicht zimperlich: Selbst ernsthafte Attacken sonst handzahmer Tiere auf ihren gewohnten Pfleger sind bekannt geworden. Bei mir kam es zu einem traurigen Unfall, als ich einen sehr großen, adulten Stirnlappenbasilisken samt kleinerem Weibchen mit einem Pärchen Grüner Wasseragamen vergesellschaften wollte. Das Wasseragamen- richtete das Basiliskenmännchen in einem unbeobachteten Augenblick derartig zu (Bissspuren am ganzen Körper, zersplittertes Hin-

hat jedoch nicht ausreichend Platz und/oder Geld zur Verfügung, um allen ein eigenes Terrarium zu bieten. Grundsätzlich ist jedoch die Vergesellschaftung mehrerer Arten problematisch. Oft kommt es irgendwann doch zu aggressivem Verhalten und Angriffen, oder die Tiere stören sich unmerklich, sodass einige oder alle beteiligten Tiere sich nicht so wohl fühlen, wie es sein könnte. Schlechte oder fehlende Vermehrungsergebnisse können ein Ausdruck dessen sein. Dogmatisch sollte man diese Frage aber nicht betrachten – es gibt erfolgreiche Vergesell-

terbein, Bissverletzung am Auge), dass das Opfer trotz tierärztlicher Behandlung wenige Tage darauf seinen Verletzungen erlag. Das Basiliskenweibchen ist interessanterweise nicht behelligt worden. Es sei aber auch darauf hingewiesen, dass ich Terrarianer kennen gelernt habe, bei denen die Gemeinschaftshaltung von Wasseragamen und Basilisken über Jahre völlig unproblematisch verlief. Auch hier ist es unbedingt ratsam, die Terrarienbewohner bereits als Jungtiere zusammenzusetzen und so aneinander gewöhnt aufwachsen oder aber die Tiere zumindest gleichzeitig in ihr Terrarium einziehen zu lassen. ORTNER (1982) berichtet über eine problemlose Vergesellschaftung seiner Grünen Wasseragamen mit Ritteranolis (*Anolis equestris*), während HARLOW & HARLOW (1997) über Jahre in einer großen Voliere unter Freilandbedingungen ein Pärchen *P. lesueurii* gemeinsam mit vier Blauzungenskinken (*Tiliqua scincoides*), zwei Cunningham-Stachelskinken (*Egernia cunninghami*) und vier Glattrücken-Schlangenhalsschildkröten (*Chelodina longicollis*) pflegten.

Segelechsen sind sehr nervöse Agamen. Eine Vergesellschaftung scheint daher nur mit sehr gut eingewöhnten Tieren in außergewöhnlich großen Behältnissen unproblematisch.

In einem großen Paludarium bietet es sich natürlich an, Wasserschildkröten mit den Agamen gemeinsam zu pflegen – z. B. im Zoo Rotterdam mit Strahlen-Dreikielschildkröten (*Geoclemys hamiltoni*), Dreistreifen-Scharnierschildkröten (*Cuora trifasciata*), Glattrücken-Schlangenhalsschildkröten (*Chelodina longicolli*) (HENK ZWARTEPOORTE, schriftl. Mittlg.), bei GONZALES (1974) mit Malaiischen Dornschildkröten der Gattung

Cyclemys. Allerdings können Schildkröten, obschon klinisch gesund, Dauerausscheider der für Echsen tödlichen Amöben *Entamoeba invadens* sein (KÖHLER 1992). Ebenfalls im Paludarium bietet sich die Haltung von Fischen im Wasserteil an. Da Wasseragamen diese aber auch gelegentlich als willkommene Abwechslung des Speiseplans betrachten, sollten Fischliebhaber große Arten wählen oder nicht unbedingt ihre kostbarsten Tiere dort unterbringen.

2.9 Grundlagen der Haltung

Alle Arten leben überwiegend in direkter Nähe von Gewässern, *P. cocincinus, Hydrosaurus* und *L. temporalis* sogar im feuchtwarmen Regenwaldklima. Entsprechend benötigen alle Arten eine hohe **Luftfeuchtigkeit**. Diese stellt sich durch ein feuchtes Bodensubstrat und einen großen Wasserteil im Wesentlichen von selbst ein. Zusätzlich sollten die Terrarien täglich oder mehrmals wöchentlich übersprüht werden. Dafür eignen sich Wasserzerstäuber oder Drucksprühgeräte, wie sie in der Blumenpflege oder im Garten eingesetzt werden. Noch viel besser ist

Ein kleiner Wasserlauf im Becken ermöglicht eine attraktive Gestaltung und ist ideal, um die Luftfeuchtigkeit hoch zu halten. Foto: H. Werning

der Einsatz von Beregnungs- oder Benebelungsanlagen, der vor allem bei mehreren Terrarien viel Zeit und Arbeit sparen kann und bei geschickter Installation zu optisch sehr attraktiven Ergebnissen führt. Dennoch stellen Wasseragamen im Vergleich zu vielen anderen Regenwaldbewohnern keine allzu hohen Ansprüche an die Feuchtigkeit. Ich halte meine Tiere seit geraumer Zeit unter relativ trockenen Bedingungen (tagsüber etwa 60–70 % rel. Feuchte), ohne dass es je zu Schwierigkeiten z. B. bei der Häutung gekommen wäre. Dies deckt sich übrigens auch mit den Freilandbeobachtungen von MANTHEY & MANTHEY (1999) und ZIEGLER (2002), denn im Gegensatz beispielsweise zu Pfeilgiftfröschen halten Wasseragamen sich in tagsüber eher trockeneren Mikroklimaten des Waldes auf. Nur Segelechsen sollten insgesamt feuchter gehalten werden (sehr großer Wasserteil, dadurch generell höhere Luftfeuchtigkeit). Nach dem Sprühen und nachts steigt die Luftfeuchtigkeit im Terrarium natürlich kräftig an. Zu feucht sollten die Tiere allerdings auch nicht gehalten werden; in der Natur halten sie sich oft auf Ästen in einiger Höhe auf; durch die intensive Sonneneinstrahlung kann es lokal dort relativ trocken sein. So ist vor allem Staunässe des Bodensubstrats zu vermeiden. Insgesamt aber scheinen die Agamen in beide Richtungen sehr tolerant zu sein, was die Haltung erleichtert.

Die **Terrarienhygiene** ist bei Wasseragamen ein wichtigerer Aspekt als beispielsweise bei vielen kleineren Echsen, denn die Tiere koten oft bis aus-schließlich im Wasser ab. Wie oben bereits ausgeführt, ist dies bei der Wahl des Wasserteils besonders zu berücksichtigen. Nach Verunreinigung sollte das Wasser möglichst bald gewechselt werden. Weitere Hygienemaßnahmen sind dagegen kaum erforderlich. In gut eingespielten und nicht überbesetzten Terrarien halte ich die häufig empfohlene regelmäßige „Generalreinigung" für überflüssig. Nur wer Wert auf attraktive Schauterrarien legt, wird öfter die Scheiben putzen müssen. Beregnung, Besprühen und das oft lebhafte Planschen der Tiere beim Baden führen dazu, dass sich regelmäßig Wasser an der Terrarienscheibe niederschlägt und beim Abtrocknen Kalkflecken hinterlässt. Allerdings ein rein optisches Problem – den Tieren ist es sicher egal.

Die **Ernährung** der Agamen muss je nach Art unterschiedlich gestaltet werden. Alle entwickeln aber einen kräftigen Appetit, wenn sie gesund sind, und ihre Fütterung bereitet keinerlei Schwierigkeiten. Da zumindest die großen Arten fast alles annehmen, was ihnen angeboten wird, besteht eher die Gefahr, dass der Pfleger sich zu einer zu einseitigen (z. B. bei *Physignathus* durch Rinderherz oder bei *Hydrosaurus* durch leicht beschaffbare Obstsorten wie Bananen) oder zu reichlichen Ernährung hinreißen lässt – Verfettung ist bei Wasseragamen im Terrarium kein seltener Anblick und kann zum Tod führen (KODYM 1992).

Alle Arten fressen wirbellose Futtertiere; je nach den artspezifischen Bedürfnissen sollten sie einen unterschiedlich großen Anteil der Nahrungspalette ausmachen. Die Inseken kann man entweder selbst züchten, was wichtige Vorteile hat (kontrollierte Ernährung, Kosten), aber arbeitsaufwändig ist und langfristig

Insekten bilden die Hauptnahrung für Wasseragamen. Dieses Weibchen der Grünen Wasseragame frisst eine große Heuschrecke.
Foto: H. Liesack

konstante Betreuung erfordert. Das nötige Basiswissen für die Futtertierzucht liefert das gleichnamige Buch von FRIEDERICH & VOLLAND (1992). Die bequemere Alternative ist der Erwerb der Futtertiere im Zoofachhandel. Die „Standardpalette" umfasst Wanderheuschrecken, verschiedene Grillenarten, Heimchen, Mehlwürmer (die Larven des Mehlkäfers), *Zophobas*-Larven (eine Art Riesenmehlwurm), Schaben, Fliegen, *Drosophila,* Regenwürmer, Enchyträen sowie Wachsmotten und ihre Raupen. Hervorragend bewährt hat sich zudem das so genannte „Wiesenplankton", ein mit dem Kescher auf möglichst unbelasteten Wiesen gesammeltes Wirbellosen-Allerlei, das vor dem Verfüttern aber auf geschützte Arten zu überprüfen ist (vor allem Schmetterlinge, Heuschrecken). Auch Ameisen werden von Jungtieren gerne gefressen (auch hier die geschützten Waldameisen verschonen).

Bei allen Insekten ist es von größter Wichtigkeit, diese nicht einfach in ihren „Heimchendosen" zu belassen und nach Bedarf zu verfüttern, sondern sie direkt nach dem Erwerb in größere Behälter, z. B. Plastikterrarien, umzufüllen und erst einmal 1–2 Tage kräftig anzufüttern. Als Substrat bietet man ihnen Hundeflocken oder ähnliches Trockenfutter, und zusätzlich ernährt man sie mit verschiedenen Salatsorten, Obst und Gemüse (aus nachvollziehbaren Gründen muss dieses frei von Insektiziden sein, also zumindest sehr gut waschen!). Ergänzend kann man auch einen Nahrungsbrei herstellen, indem man Futterpellets für Mäuse oder Geflügel bzw. Hundeflocken pulverisiert (10 Teile), mit einem Vitamin-Mineralstoff-Präparat oder Vitaminen angereichert (1–2 Teile) und mit Wasser etwas anfeuchtet. Die so entstehende dickflüssige Paste kann man dann an die Insekten verfüttern. So sind sie gut gefüllt und haben einen deutlich verbesserten Nährwert, wenn sie den Echsen angeboten werden. Die sich nur noch müde dahinschleppenden Grillenzombies direkt aus der Dose sind dagegen als Futter vollkommen ungeeignet und werden nicht zu Unrecht mit Pappmaschee verglichen.

Für erwachsene Wasseragamen sind Mäuse ein gutes Nahrungsmittel. Sie sind besonders geeignet, da sie im wahrsten Sinne des Wortes mit Haut und Haaren (und also auch mit Knochen) gefressen werden und über ein ausgewogenes Kalzium-Phosphor-Verhältnis verfügen. Dabei gilt es aber einiges zu beachten: Mäuse sind Wirbeltiere, also hoch entwickelt. Sie sind in der Lage, Angst und Schmerzen zu empfinden und müssen daher erheblich behutsamer gehandhabt werden als Wirbellose. Sie sind als Wirbeltiere auch im Tierschutzgesetz erfasst. Es darf ihnen also kein unnötiges Leid zugefügt werden. Am einfachsten umgeht man diese Problematik, indem man tiefgekühlte Futtermäuse aus dem Handel erwirbt. Verfüttert man lebende Mäuse, sollte man dafür sorgen, dass dies möglichst schnell und schmerzlos über die Bühne geht. Dies erreicht man, indem man die Nager am Schwanz fest- und den Agamen vor die Schnauze hält. Eingewöhnte Tiere werden dann ohne Umschweife den Kopf der Maus ergreifen und diese so schnellstmöglich töten. Setzt man die Mäuse einfach in das Terrarium, besteht das Risiko, dass es zu Unfällen kommt: Obwohl die Echsen schon aus Sicherheitsgründen für sich selbst – eine größere Maus kann eine Wasseragame durch einen Biss durchaus verletzen – ihre Beute normalerweise am Kopf packen, kann es im Eifer der Jagd doch passieren, dass sie das falsche Ende erwischen und das Opfer mit dem Hinterteil voran verschlingen – unschöne und für die Maus qualvolle Szenen sind die Folge. Außerdem besteht das Risiko, dass die Maus entkommt und sich im Terrarium verbirgt. In der Nacht kann sie den Spieß dann umdrehen und die bei den kühleren Temperaturen und ohne Licht benachteiligten Echsen anknabbern. Ich empfehle also unbedingt, lebende Mäuse nur kontrolliert durch direktes Vorhalten zu verfüttern. Den natürlichen Jagdtrieb der Echsen kann man sich auch an Heuschrecken oder Grillen austoben lassen. Große Neuguinea-Wasseragamen fressen gelegentlich sehr kleine, in der Regel nur lebende nestjunge Mäuse, die man einfach in das Terrarium legt. Diese müssen aus Tierschutzgründen unverzüglich nach dem Erwerb verfüttert werden. Ist eine nestjunge Maus nach einer Stunde noch nicht gefressen worden, muss sie leider getötet werden, um ihr unnötiges Leiden zu ersparen.

Segelechsen als überwiegend pflanzenfressende Tiere sind auf den ersten Blick natürlich recht problemlos zu ernähren. Neben handelsüblichem Obst,

Mäuse stellen ein gutes Futter für große Wasseragamen dar. Foto: H. Werning

Gemüse und diversen Salatsorten empfiehlt es sich besonders, selbst gesammelte Wildkräuter anzubieten. Ein „Klassiker" in der Reptilienernährung ist hierbei Löwenzahn. Sowohl die Blätter als auch besonders die gelben Blüten werden von vielen Echsen und Schildkröten mit besonderer Begeisterung gefressen. Über die Ernährung pflanzenfressender Reptilien liegen inzwischen zahlreiche Kenntnisse vor, die von DENNERT (2001) für Landschildkröten in Buchform zusammengefasst wurden, aber auch für Halter anderer pflanzenfressender Reptilien von großem Interesse sind, schon allein aufgrund der Angaben zu Nährstoffen, Vitaminen und anderen Inhaltsstoffen diverser Futterpflanzen.

Der Versorgung mit **Mineralstoffen und Vitaminen** kommt bei der Echsenhaltung eine besonders wichtige Rolle zu. Ernährungsbedingte Krankheiten gehören zu den häufigsten Problemen bei der Pflege.

Erfreulicherweise sind Wasseragamen und Segelechsen auch hier relativ unproblematisch. Eine Ausnahme bilden allerdings die ausschließlich insektenfressenden *Lophognathus*.

Bei der Verfütterung von Wirbellosen muss man unbedingt auf den Vitamin- und Mineralstoffgehalt achten. Ersterer wird durch das Anfüttern bereits kräftig aufgepeppt, das für die Echsen besonders wichtige Kalzium-Phosphor-Verhältnis bleibt bei handelsüblichen Insekten aber meist unbefriedigend. Ist es dauerhaft unausgewogen, kommt es zu Kalziummangel. Besonders Jungtiere sind dafür sehr anfällig; bei ihnen ist die Folge einer unzureichenden Kalziumversorgung meist eine „Knochenerweichung" (Rachitis). Fraglos sind Todesfälle durch Rachitis die häufigste Ursache für eine misslungene Aufzucht von Wasseragamen; auch bei meinen ersten Nachzuchten habe ich viele Jungtiere auf diese

Weise verloren. Um das zu verhindern, müssen alle Futtertiere vor dem Verfüttern noch mit einem geeigneten Vitamin-Mineralstoff-Präparat (aus dem Zoohandel oder Korvimin ZVT vom Tierarzt) eingepudert werden. Dabei ist mit einem Blick auf die Produktzusammensetzung darauf zu achten, dass im Präparat ein deutlich höherer Anteil von Kalzium als Phosphor vorhanden ist. Das Verhältnis von Kalzium zu Phosphor in der Nahrung sollte bei 1:1 bis 2:1 liegen, in nicht präparierten Insekten beträgt es häufig nur 0,5:1 bis 0,02:1. Die Vorgehensweise ist denkbar einfach: Man streut etwas Pulver in eine Dose, gibt anschließend die Insekten dazu und schüttelt vorsichtig. Die Futtertiere nehmen von dieser Prozedur (wenn man nicht zu kräftig schüttelt) keinen Schaden und sind genauso lebhaft wie zuvor – nur eben hübsch eingepudert. In der Zusammensetzung unterscheiden sich die verschiedenen im Handel erhältlichen Präparate teilweise nicht unerheblich. Von Vitamin- oder Mineralstoff-Überdosierungen durch das Verfüttern eingepuderter Insekten ist bisher nichts bekannt geworden, die Gefahr ist wohl zu vernachlässigen.

Flüssigvitamine dagegen sollten nur vorsichtig verwendet werden. Diese kann man „Fleischfressern" besonders leicht verabreichen, wenn man tiefgekühlte Mäuse verfüttert. Sie werden nach dem Auftauen einfach mit etwas Vitaminpräparat gespritzt. Auch z. B. Fruchtstückchen können einfach mit 1–2 Tropfen Vitaminpräparat (aus der Apotheke oder dem Zoohandel) versehen werden. Allerdings ist die Überversorgung mit Vitaminen schädlich und kann zu Krankheiten oder Vergiftungen führen. Man sollte sich also die Dosierungsangaben der Präparate ansehen. Bei einer ausgewogenen Ernährung mit gut ernährten und „eingepuderten" Insekten, Mäusen und gemischter pflanzlicher Nahrung ist ein weiteres Zufüttern von Vitaminen im Grunde kaum erforderlich und kann auf die Gabe von 1–2 Tropfen eines üblichen Multivitaminpräparates einmal wöchentlich bis alle zwei Wochen an trächtige Weibchen bzw. Tiere nach der Eiablage sowie Jungtiere beschränkt bleiben.

Wie viel und wie häufig gefüttert wird, hat mit Fingerspitzengefühl, Erfahrung und auch Meinung zu tun. Grundsätzlich habe ich aber den Eindruck,

dass Wasseragamen eher überfüttert werden als zu wenig zu bekommen. Die folgenden Angaben stellen nur eine grobe Richtlinie dar. Für Segelechsen findet sich ein Fütterungsplan in Kap. 5.8.

Orientierungswert zur Fütterung einer adulten Wasseragame (*P. cocincinus, P. lesueurii*):
- ein- bis zweimal wöchentlich angefütterte und eingepuderte Insekten bis zur Sättigung (z. B. etwa zehn *Zophobas*-Larven oder 5–10 große Grillen oder 3–5 große Heuschrecken)
- einmal wöchentlich pflanzliche Nahrung anbieten, evtl. mit einem Tropfen Flüssigvitaminpräparat
- ein- bis zweimal monatlich eine „Springer"-Maus (Jargon für junge Mäuse, die bereits behaart sind und ihre Augen geöffnet haben) oder zwei nestjunge Mäuse

Orientierungswert zur Fütterung einer adulten Neuguinea-Wasseragame (*L. temporalis*):
- dreimal wöchentlich angefütterte und eingepuderte Insekten bis zur Sättigung
- alle 1–2 Monate eine nestjunge Maus (wird meist nur lebend angenommen)

2.10 Handhabung

Die großen Wasseragamen der Gattung *Physignathus* werden relativ schnell sehr zutraulich. Sie nehmen dann problemlos Futter aus der Hand und lassen sich auch widerstandslos anfassen. Dennoch werden sie nicht derart zahm wie Bartagamen, und grundsätzlich handelt es sich bei Echsen nicht um Kuscheltiere. Man sollte den Agamen also Stress ersparen und sie nicht unnötig anfassen und mit ihnen herumhantieren. Viele Halter gewähren ihren Tieren gerne einmal „Freilauf" im Zimmer. Grundsätzlich ist das möglich, jedoch bergen solche Exkursionen auch Risiken, von der Fluchtgefahr über diverse Verletzungsmöglichkeiten bis hin zu Erkältungen bei zu niedrigen Temperaturen oder Zugluft. Grundsätzlich ist davon also abzuraten, besonders, wenn man seine Tiere noch nicht sehr genau kennt.

Natürlich kann es auch immer mal nötig sein, dass man seine Agamen anfasst, sei es, um das Terrarium zu reinigen, oder um z. B. medizinische Behandlungen durchzuführen. Gut eingewöhnte Wasseragamen lassen sich dann problemlos greifen und beißen auch nicht. Allerdings Vorsicht vor den Krallen! Die sind nämlich sehr scharf und bringen einem unangenehme Kratzer bei. Wer das vermeiden will, sollte beim direkten Handling mit den Tieren Arbeitshandschuhe tragen.

Segelechsen und Streifen-Wasseragamen werden normalerweise weit weniger zutraulich und lassen sich nicht freiwillig anfassen. Vor allem Letztere bleiben oft dauerhaft scheu. Hier sollte man das direkte Hantieren unbedingt auf das absolut Notwendige beschränken. Bei großen Segelechsen ist zudem etwas Vorsicht angebracht, denn Kratzer oder Schwanzschläge von 1-m-Echsen sind immer mit Schmerzen verbunden.

2.11 Vermehrung

Ausführliche Angaben zur Fortpflanzungsbiologie der einzelnen Arten finden Sie in den Artkapiteln. Hier soll es um einige allgemein gültige Aspekte gehen.

Auch wenn Berufstätige die Paarungen ihrer Pfleglinge nur selten zu Gesicht bekommen, lässt sich die Trächtigkeit eines Weibchens bei Wasseragamen und Segelechsen meistens im fortgeschrittenen Stadium gut an der zunehmenden Leibesfülle erkennen. Das Tier wird in der hinteren Körperhälfte deutlich rundlicher, was besonders auffällt, wenn es in vertikaler Position sitzt. Gegen Ende der Tragzeit zeichnen sich die Eier dann oft als erkennbare Wölbungen unter der Haut ab. Spätestens die „Probebohrungen", mit denen die Tiere schon Tage vor der Eiablage nach einem geeigneten Ort suchen, sind dann nicht mehr zu übersehen. 1–2 Wochen vor der Eiablage stellen viele Weibchen die Nahrungsaufnahme ein, fressen mit vermindertem Appetit – oder sie fressen wie zuvor. Wann welches Verhalten auftritt, hängt wohl vom Ernährungszustand des Weibchens ab und davon, wie viel Platz die Eier in seinem Körper einnehmen.

Von größter Wichtigkeit ist eine geeignete Eiablagemöglichkeit. Steht diese nicht zur Verfügung, besteht die Gefahr, dass das Weibchen eine Legenot erleidet oder die Eier verwirft. Also muss Vorsorge

getroffen werden: Entweder wird mindestens eine Stelle im Terrarium dauerhaft als Eiablageort eingerichtet, oder man stellt eine geeignete Nistkiste in das Terrarium, sobald die Trächtigkeit erkannt ist. Die Anforderungen an die Eiablagemöglichkeit sind immer gleich: Es muss eine ausreichende Menge feuchtwarmer Erde oder anderen gut grabbaren Substrates zur Verfügung stehen, worin das Weibchen seine Nisthöhle bzw. -grube anlegen kann. Ich sorge entweder für Stellen im Terrarium, an denen das Substrat etwa 20 cm hoch eingefüllt ist und die richtige Temperatur und Feuchtigkeit aufweist, oder stelle eine etwa 60 cm x 60 cm große Plastikschüssel, die mit einer mindestens 20 cm hohen Erdschicht gefüllt wird, in das Becken. Im Gegensatz z. B. zu Grünen Leguanen benötigen unsere Agamen keine „Höhlen" und daher auch keine Nistkästen. Auch in der Natur bevorzugen sie für die Eiablage offene Flächen, meist sandige Stellen am Gewässerufer. Das Substrat an der Eiablagestelle muss mäßig feucht (nicht nass!) sein und Temperaturen von 25–30 °C aufweisen. Hält man mehrere Weibchen zusammen in einem Terrarium, ist Vorsicht angebracht.

Grüne Wasseragamen werden ausgesprochen zahm.
Foto: H. Liesack

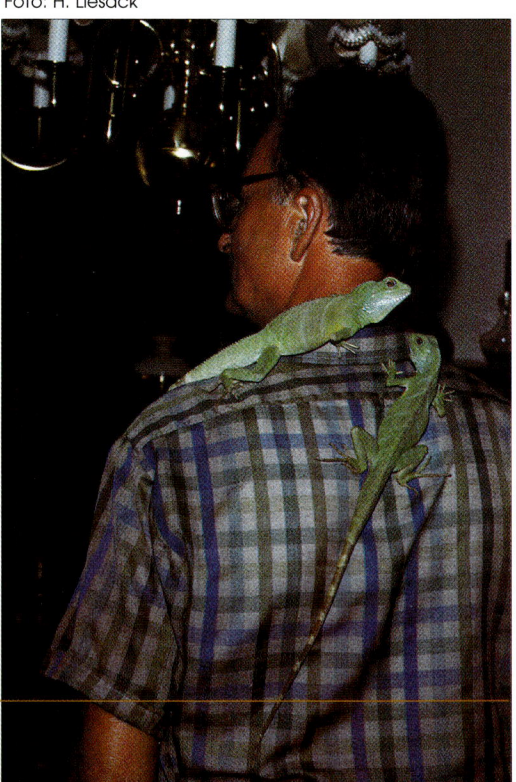

Wasseragamen lernen schnell, aus der Hand zu fressen.
Foto: H. Liesack

Trächtige Weibchen sind am Körperumfang gut zu erkennen. Foto: H. Liesack

Bei mir wurden gleichzeitig zwei Weibchen Grüner Wasseragamen trächtig. Eines legte an der vorbereiteten Stelle ordnungsgemäß seine Eier ab, das zweite dagegen machte keinerlei diesbezügliche Anstalten. Erst als ich ein einzelnes, offen im Terrarium abgelegtes Ei fand, ging mir auf, dass ich es wohl mit einer Legenot zu tun hatte. Ich hatte schon im Vorfeld beobachtet, dass das dominante Weibchen die Eiablagestelle verteidigte. Offenbar wurde dadurch das unterlegene Weibchen von der Eiablage abgehalten, und es entwickelte sich eine Legenot. Unter seinen erheblich großräumigeren Bedingungen kommt es auch bei LANGERWERF (1999) zwischen ablagewilligen Australischen Wasseragamen zu Streitigkeiten, die zu einer verzögerten Eiablage führen. Näheres zur Legenot-Problematik im nächsten Kapitel 2.12.

Dass eine Eiablage erfolgt ist, erkennt man leicht am nun meistens sehr eingefallen wirkenden Weibchen. Jungen und alten Weibchen, die nur sehr wenige Eier ablegen, sieht man allerdings manchmal weder die Trächtigkeit noch die erfolgte Eiablage offensichtlich an. Möglichst bald, nachdem das Weibchen seine Grube wieder zugeschüttet und sich von der Niststelle entfernt hat, birgt man vorsichtig die Eier. Ist man sehr früh am Gelege, sind sie noch nicht richtig ausgehärtet. Dann sollten sie noch etwas in Ruhe gelassen werden. Ausgehärtete Eier haben aber keine harte Kalkschale wie ein Hühnerei, vielmehr eine eher lederartige, flexible Hülle (treffender wäre „pergamentpapierartig", falls jemand noch weiß, wie sich das anfühlt). In den ersten etwa 24 Stunden ist eine relative Lageveränderung (Drehung um die Längsachse) noch nicht problematisch, danach kann sie zum Absterben der Eier führen. Daher sollte man sich bemühen, die Eier möglichst in der gleichen Position in den Brutkasten zu überführen, in der man sie gefunden hat. Um auch späteres Verdrehen zu verhindern, können sie an der Oberseite mit weichem Bleistift mit einer Markierung versehen werden. Zur Inkubation eignen sich alle „gängigen" Substrate wie Vermiculit, Perlit, Blumenerde-Sand-Gemische etc., jede Lösung kann zum Erfolg führen. Zur Inkubation von Reptilieneiern ist meist ein Brutkasten erforderlich, den man fertig im Handel erwerben oder sich selbst bauen kann. Anleitungen zum Bau einfacher Modelle können Sie in der schon erwähnten Grundlagen-Literatur (z. B. Rauh 2000) nachlesen. Mit käuflichen

Brutgeräten liegen ebenso gute Erfahrungen vor. Die Eier werden in einen sog. Brutbehälter mit dem Inkubationssubstrat gelegt und zu etwa zwei Drittel in dieses eingebettet. Das Substrat muss mäßig feucht, darf aber nicht nass sein. Lassen Sie sich die richtige Substratfeuchte am besten von erfahrenen Terrarianern zeigen.

> Bei grobkörnigem Vermiculit, dem häufigsten eingesetzten Substrat, erzielen Sie die gewünschte Substratfeuchte ungefähr, wenn Sie für die Inkubation von Eiern der Australischen Wasseragame 1 Tasse (etwa 200 ml) Wasser auf 1 Liter Substrat geben. Bei den anderen Arten können es 1–2 Tassen Wasser pro Liter Vermiculit sein.

Für den weiteren Verlauf der Inkubation ist es wichtig, dass das Substrat die richtige Feuchtigkeit behält. Hierzu sollte es in regelmäßigen Abständen (anfangs etwa einmal wöchentlich) mit den Fingern geprüft und ggf. vorsichtig nachgefeuchtet werden. Wer noch gar keine Erfahrung hat, kann auch den Brutbehälter wiegen und das verdunstete Wasser nach Gewicht nachfüllen. Ist das Substrat zu nass, können die Eier anschwellen und nach unten regelrechte Beulen ausbilden. Im Extremfall platzen sie dann. Ist es zu trocken, fallen die Eier ein. Bemerkt man dies rechtzeitig, können sie durch Nachfeuchten des Substrats noch gerettet werden. Keinesfalls aber dürfen die Eier direkt mit Wasser in Berührung kommen. Deshalb sollte auch kein Kondenswasser vom Deckel des Inkubationsbehälters auf die Eier tropfen können. Dies kann durch eine leicht schräge Lage des Deckels verhindert werden. Die Luftfeuchtigkeit im Inkubator beträgt 90–95 %. Die Inkubationstemperatur kann etwa im Rahmen von 26–30 °C schwanken – genauere Daten dazu lesen Sie in den Artkapiteln. Vor allem zu

Ein Weibchen der Grünen Wasseragame vor der Eiablage in einer Terrarienecke mit aufgeschichtetem Substrat Foto: H. Werning

hohe Temperaturen können in einem Grenzbereich zu Missbildungen wie „Knickschwänzen" oder sonstigen Schäden führen. Deutlich zu hohe oder zu niedrige Werte lassen die Eier absterben. Während der Inkubation nicht mehr zu beeinflussen ist eine mangelhafte Ausstattung der Eier durch unzureichende Vitamin- und Mineralstoffversorgung des Weibchens. Dies kann zu Missbildungen oder lebensunfähigen bzw. zu schwachen Jungtieren führen. Besonders häufig ist dabei ein Absterben schlupfreif aussehender Embryos im Ei zu beobachten.

Eier der Grünen Wasseragame im Brutkasten Foto: H. Werning

Gelegentlich wird empfohlen (MANTHEY & SCHUSTER 1993; MANTHEY 2000), die Eier einfach im Terrarium zu belassen und dort zu inkubieren. Die Argumentation, das Weibchen wähle instinktiv den besten Platz für die Eier, verfängt unter Zimmerterrarium-Bedingungen aber nicht: Der beste Platz dort ist in der Regel die Wahl des geringsten Übels, aber womöglich weit entfernt von den optimalen Inkubationsbedingungen. Und selbst wenn das Plätzchen gut geeignet ist, muss sichergestellt sein, dass dies auch konstant über 2–3 Monate so bleibt – im Terrarium ein schwieriges Unterfangen. Grundsätzlich funktioniert das natürlich in gut ausgesteuerten Terrarien. Ich warne dennoch vor dieser Methode, wenn die Bedingungen am Nistplatz vom Pfleger zuvor nicht über lange Zeiträume getestet wurden. Auf jeden Fall sind die Inkubationsbedingungen im Brutschrank erheblich einfacher zu kontrollieren und zu steuern, sodass es eigentlich auch keinen vernünftigen Grund gibt, auf diese bewährte Methode zu verzichten. Hinzu kommt, dass die Niststelle im Terrarium mit einem Drahtkorb o. Ä. gesichert werden muss, damit die Schlüpflinge nicht direkt im Magen der Eltern landen. Gefahr für die Gelege geht auch von nicht gefressenen Futtertieren sowie von Boden-Nematoden aus (KODYM 1992). Ich selbst habe schon nicht rechtzeitig geborgene Eier durch Grillen- bzw. *Zophobas*-Fraß verloren.

Fazit: Zumindest Einsteiger sollten die Eier auf jeden Fall künstlich im Brutapparat inkubieren.

Ein interessanter Aspekt ist die temperaturabhängige Geschlechtsausprägung; von manchen Echsen und Schildkröten ist bekannt, dass das Geschlecht nicht durch Chromosomen vorbestimmt ist, sondern sich erst während der Inkubation entwickelt, und zwar je nach der Bruttemperatur. Für Australische Wasseragamen ist dies bekannt, s. Kap. 3.2.14. Bei der Grünen Wasseragame dagegen ist das Geschlecht der Schlüpflinge nach meinen Erfahrungen unabhängig von der Inkubationstemperatur; gründlichere Untersuchungen fehlen aber. Für Segelechsen und *Lophognathus* gibt es keine Daten.

Hat alles geklappt, schlüpfen die kleinen Agamen eines Tages endlich. Einen Tag bis wenige Stunden vor dem Ende der Inkubationszeit fallen die Eier manchmal deutlich sichtbar ein und/oder fangen an zu „schwitzen", d. h., kleine Flüssigkeitströpfchen bilden sich auf der Eischale. Bald darauf ritzen die Jungtiere mit ihrem Eizahn die Schale an, und es entweicht etwas Eiflüssigkeit. Schließlich streckt die kleine Wasseragame oder Segelechse den Kopf hinaus. Stört man die Tierchen in dieser Phase, ziehen

Der Schlupf beginnt! Foto: H. Liesack

sie sich schnell wieder in das Ei zurück, um bald darauf einen weiteren Versuch zu unternehmen. Der Schlupf dauert einige Stunden. Direkt danach haben die Jungen oft noch einen Rest Dottersack und Nabelschnur am Bauch. Binnen eines Tages werden diese vollständig resorbiert bzw. trocknen ab.

Frisch geschlüpfte Australische Wasseragame Foto: H. Werning

Im Gegensatz zu vielen anderen Echsen ist der schwierigste Part bei Wasseragamen jetzt erledigt, denn die Aufzucht der Jungen ist nicht sehr problematisch. Für Segelechsen gilt das nur eingeschränkt (s. Kap. 5). Der entscheidende Aspekt ist die richtige Ernährung. Bei Jungtieren gilt erst recht, dass nur gut angefütterte Insekten angeboten werden dürfen und alle Futtertiere unbedingt zuvor mit einem Vitamin-Mineralstoff-Präparat eingepudert werden. Geeignet sind alle kleinen Futtertiere wie kleine Heimchen und Grillen, Wachsmaden und *Drosophila*. Grundsätzlich sollten lieber viele kleine als wenige große Beutetiere angeboten werden: Zum einen haben bei gleicher Masse viele kleine Futtertiere eine größere Oberfläche als ein großes, und dementsprechend bleibt auch mehr Vitamin-Mineralstoff-Puder an ihnen hängen, was, wie erwähnt, gerade bei Jungtieren zur Vorbeugung von Mangelerkrankungen von großer Bedeutung ist. Zum anderen besteht das Risiko, dass gerade sehr hungrige oder gierige (Futterneid!) Kleine sich an einem zu großen Futtertier übernehmen und dieses dann nicht schlucken können. Es muss dann wieder ausgewürgt werden, was das betroffene Tier offenkundig schwächt, im schlimmsten Fall kann es sogar zum Ersticken der Echse führen (BERT LANGERWERF vermutet [schriftl. Mittlg.], dass solche Unfälle auch eine Folge suboptimaler Bedingungen im Terrarium, vor allem von Kalziummangel, sein könnten, die zu einer schwächer ausgeprägten Muskulatur führen, sodass die Echse Beute, die es unter natürlichen Bedingungen eigentlich bewältigen könnte, nicht schlucken kann). Daher sind gerade in den ersten zwei Wochen Fruchtfliegen als „Erstfutter" hervorragend geeignet. Auch mit Termiten liegen gute Erfahrungen vor (BERT LANGERWERF, schriftl. Mittlg.), wenn diese auch nicht gerade zum terrarienüblichen Futterspektrum gehören. Bei Segelechsen wird von Anfang an auch pflanzliches Futter angeboten, bei den anderen Arten zeigen die

Jungtiere daran kein Interesse. Gefüttert wird in den ersten drei Monaten mehr oder weniger täglich, in den ersten vier Wochen vielleicht auch manchmal zweimal täglich, bis die Jungen satt sind. Zusätzlich ist, wie oben erwähnt, eine UV-Bestrahlung hilfreich. In den ersten Wochen kann die Aufzucht in kleinen Gruppen erfolgen. Die kleinen Wasseragamen und Segelechsen sind sehr lebhaft, sehen drollig aus und werden dem Pfleger ohne Zweifel viel Freude bereiten. Unter guten Bedingungen wachsen sie in wenigen Monaten zu beachtlicher Größe heran, sodass man sich rechtzeitig Gedanken um den weiteren Verbleib machen muss. Will man die Jungen nicht selbst behalten, muss man Abnehmer finden. Entweder schaltet man hierzu (rechtzeitig!) Kleinanzeigen z. B. in der REPTILIA, im DGHT-„Anzeigen Journal" bzw. im Internet, oder man bietet die Nachzuchten einem seriösen Terraristik-händler oder auf Börsen an.

Schnauzenverletzung bei einer Grünen Wasseragame im Anfangsstadium Foto: H. Werning

2.12 Gesundheitliche Probleme

Auf ein detailliertes Krankheitskapitel verzichte ich in diesem Buch. Die Lage im Bereich der „Reptilienmedizin" hat sich in den letzten zehn Jahren sehr zum Vorteil entwickelt. Zwar gehören Reptilien nach wie vor nicht zum gängigen „Repertoire" einer Kleintierpraxis, und in der Ausbildung der Veterinäre kommen sie kaum vor, doch spezialisieren sich zunehmend Tierärzte auf diesen wachsenden Bereich der Heimtierhaltung. Einen solchen kompetenten Ansprechpartner müssen Sie natürlich erst finden. In den Großstädten werden Sie sicher Erfolg haben, andernorts müssen Sie möglicherweise längere Wege in Kauf nehmen. Das Wohl Ihrer Tiere sollte Ihnen das aber unbedingt wert sein. Über geeignete Veterinäre in Ihrer Umgebung können Sie sich bei erfahrenen Terrarianern in Ihrer Region oder über die DGHT unterrichten, die auch eine Liste mit „Reptilientierärzten" pflegt (s. Anhang).

Beobachten Sie Ihre Tiere gründlich. Verhalten diese sich ungewöhnlich, sind sie schlapp, fressen sie zu wenig oder gar nicht, können sie die Beute nicht richtig packen usw.? All das können Anzeichen für Krankheiten sein. Über die häufigsten Reptilienkrankheiten informiert die allgemeine Literatur. Ein solches Grundlagenwissen sollten Sie sich aneignen,

um besser ausmachen zu können, ob Ihre Tiere Krankheitszeichen entwickeln. Es ist eine Binsenweisheit, aber es sei an dieser Stelle noch einmal gesagt: Vorbeugen ist immer besser als heilen. Wenn Sie Ihre Tiere artgerecht halten, Ihnen also ein ausreichend großes Terrarium bieten, sie nicht falsch vergesellschaften, sie richtig ernähren und für die passenden Klimabedingungen sorgen, ist es nicht sehr wahrscheinlich, dass Ihre Agamen erkranken, denn an sich sind diese Echsen sehr robust und wenig anfällig. Zwei gesundheitliche Probleme tauchen aber – neben der schon erwähnten Verfettung – häufiger auf.

Das Schnauzenproblem

Das größte Problem bei der Haltung von Wasseragamen und Segelechsen ist das ungestüme Temperament der Tiere und die geringe Akzeptanz von Glas. Adulte und semiadulte Wildfänge aller Arten sind in normalen Terrarien oft nur schlecht einzugewöhnen, sie reagieren anfangs sehr nervös und scheu und folgen immer wieder einem verhängnisvollen Fluchtreflex, der sie vor die Scheiben des Terrariums donnern lässt. Aber auch bei gut eingewöhnten und überhaupt nicht scheuen Tieren kommt es vor, dass sie von ihren Kletterästen aus immer und immer wieder vor die Glasscheibe des Terrariums springen. Ich habe mehrfach beobachtet, wie Tiere, die sich über Jahre völlig unauffällig verhielten, plötzlich zu „Scheibenspringern" wurden. Selbst bei Nachzuchten kann dies vereinzelt vorkommen. Ich habe über dieses Problem mehrfach bei Vorträgen berichtet und darüber geschrieben (z. B. WERNING 1999a). Im Lauf der Zeit wurde ich mit den unterschiedlichsten Theorien konfrontiert, was die Ursache für dieses Verhalten sein könnte. Als wirklich stabil hat sich keine davon erwiesen, da sich immer auch Gegenbeispiele finden ließen. Der erfahrene Agamenzüchter LIESACK (2001) berichtet sogar von Grünen Wasseragamen in einer großzügigen Anlage, die frei im 20 m² großen Terrarienzimmer installiert ist, also ganz ohne Glasscheiben. Einige seiner Tiere rannten dennoch vor die Scheiben – die anderer Terrarien an der gegenüberliegenden Wand. Ein Patentrezept gibt es also leider wohl nicht, dieses Problem sicher auszuschließen. Wohl aber erlaubt die Vielzahl an Erfahrungen inzwischen, das Risiko zu minimieren und richtig zu reagieren.

Fortgeschrittene Schnauzenverletzung Foto: H. Werning

• Hauptursache für das Schnauzenproblem dürften zu kleine Terrarien sein. Auch ruhige, eingewöhnte Wasseragamen und Segelechsen springen nun einmal von ihren Ästen. Wenn das Becken so klein ist, dass sie dabei vor die Scheibe stoßen, werden sie nie davon ablassen – der Springtrieb ist einfach „stärker" als der Lerneffekt.

• In an sich ausreichend großen Terrarien können die Äste sehr ungeschickt installiert sein – ein Fehler, der bei einem meiner Tiere zu ernsten Problemen führte. Sind die Kletteräste so angebracht, dass die Agame zu keiner Seite genug Raum zum Sprung hat, segelt sie automatisch gegen die Scheibe. Abhilfe schafft hier, die Äste so weit nach hinten zu verlegen, dass die Tiere beim normalen Sprung die Scheibe nicht erreichen, oder sie so weit vorne anzubringen, dass die Tiere in die andere Richtung, also von der Scheibe weg springen.

• Adulte, eingewöhnte Tiere sollten nach Möglichkeit keinem Terrarienwechsel ausgesetzt werden. Bei mir wurde ein Tier zum „Scheibenspringer", dass in einem kleineren Terrarium zuvor völlig unauffällig war. Erst direkt nach dem Umzug in das größere Becken begann es mit den unheilvollen Sprüngen.

• Bei ungestümen, nicht eingewöhnten Tieren, die bei Annäherung immer wieder ihrem Fluchtreflex folgen, muss zunächst die „Zähmung" erfolgreich verlaufen, sonst hat man keine Chance. Die Scheiben müssen zumindest im unteren, für die Tiere erreichbaren Teil z. B. mit Zeitungspapier abgeklebt werden. Anschließend nähert man sich den Tieren immer wieder mit viel Geduld und sehr ruhigen Bewegungen. Im Lauf der Wochen kann man dann normalerweise am oder im Terrarium hantieren, ohne dass die Agamen flüchten. Ist die Gewöhnung gelungen, nehmen die Tiere schließlich Futter aus der Hand und verhalten sich ruhig.

• Bei Grünen Wasseragamen am besten nur Jungtiere oder sehr junge Erwachsene kaufen, bei adulten Wildfängen ist das Risiko des „Scheibenspringens" deutlich erhöht! Bei Segelechsen kauft man am besten semiadulte Tiere.

Segelechse mit stark aufgeschlagener Schnauze Foto: H. Werning

Kommt es trotz all dieser Maßnahmen dennoch zum „Scheibenspringen" bzw. Vor-die-Scheibe-Rennen, muss man sofort eingreifen. Die Scheiben müssen unbedingt sofort verklebt werden, bis die Tiere sich beruhigt haben. Im Extremfall müssen die Tiere durch eine vor die Scheibe gehängte Netz-Konstruktion daran gehindert werden, überhaupt dorthin zu gelangen (ist aber eine ziemliche Tüftelei, da man ja trotzdem das Becken bedienen muss – am besten Reißverschluss verwenden oder das Ganze als verschiebbare bzw. herausnehmbare Konstruktion). In den meisten Fällen beruhigen die Tiere sich nach einiger Zeit wieder, und die Maßnahmen können wieder aufgehoben werden. In ganz hartnäckigen Fällen muss man ein deutlich größeres Terrarium zur Verfügung stellen oder versuchen, durch entsprechende Umstrukturierungen (dichte Bepflanzung direkt vor der Scheibe) gegenzuwirken.

Tolerieren darf man es auf keinen Fall, wenn die Tiere vor die Scheibe donnern. Da dieses Verhalten stereotyp ist, also immer wieder auftritt, kommt es unweigerlich zu Schnauzenverletzungen: Die Agamen schlagen sich die Schnauze immer weiter auf, es kommt nach anfänglichen Abschürfungen zu offenen Wunden, die schließlich bis auf den Kieferknochen reichen können. Das sieht nicht nur unschön aus, sondern ist mit Sicherheit für die Tiere schmerzhaft und kann schließlich zu ernsten Folgen wie Kiefernekrose, Mundfäule und im Extremfall zum Tod führen. Schnauzenverletzungen müssen behandelt werden. In leichten Fällen kann man dies noch selbst erledigen. Die Schnauze wird zur Desinfektion mit einer Betaisodona- oder Braunovidol-Salbe bestrichen, später trägt man täglich Heilsalbe auf (z. B. Bepanthen, Unguentol). Im Frühstadium behandelte Schnauzenverletzungen verheilen gut, wenn man gleichzeitig die Ursachen beseitigt. Oft bleibt jedoch eine unschöne „Macke" zurück, die das Tier aber nicht beeinträchtigt. Selbst stark fortgeschrittene Schnauzenverletzungen, bei denen der vordere Teil des Kieferknochens regelrecht „weggesprungen" wurde, konnten noch zum Verheilen gebracht werden. Auch ein solches Tier lebte über viele Jahre problemlos und offenbar schmerzfrei weiter.

Die geschilderten Probleme sind zum Glück keineswegs zwingend. Die Neigung zum „Scheibenspringen" ist individuell unterschiedlich und kann sowohl bei Wildfängen als auch bei Nachzuchten auftreten; bei einigen Tieren kommt es trotz Umsetzens niemals dazu, anderen ist das Verhalten kaum abzugewöhnen. Wichtig ist auf jeden Fall die sofortige Reaktion bei den ersten Anzeichen: Die Hoffnung, dieses Problem gebe sich schon mit etwas Geduld, ist erstens meistens trügerisch, und zweitens kann schon eine kurze Sprung-Zeit zu bleibenden Verletzungen führen.

Legenot

Legenot ist ein häufiges Problem bei der Haltung von Agamen, führt leider oft zur Vereitelung des Nachzuchterfolges und ist vermutlich die häufigste Todesursache für adulte Weibchen im Terrarium. Die Gründe für die Legenot können vielfältig sein, sind aber fast immer auf Haltungsfehler zurückzu-

Abgeheilte schwere Schnauzenverletzung. Obwohl der Kieferknochen freigelegt und beschädigt ist, lebt das Tier seit vielen Jahren offenbar beschwerdefrei.
Foto: H. Werning

führen. Organische Ursachen sind selten und erfordern tierärztliches Eingreifen. Häufig ist die Ursache in einer fehlenden oder ungeeigneten Eiablagemöglichkeit, in ungeeigneten Klimabedingungen, einer mangelhaften Ernährung des Weibchens, Kalkmangel, einem „Auspowern" nach mehreren Eiablagen oder Stress durch andere Terrarienbewohner der eigenen oder anderer Arten bedingt. Stress kann z. B. durch ein immer paarungswilliges Männchen oder durch ein dominantes Weibchen ausgelöst werden. Auch eine insgesamt zu hohe Besatzdichte im Terrarium ist häufig verantwortlich. Fatal kann auch ein Wechsel der Umgebung sein. Trächtige Tiere dürfen daher auf keinen Fall gehandelt oder ausgestellt werden. Aber auch Veränderungen der vertrauten Umgebung, wie größere Umstrukturierungen im Terrarium oder das Hinzusetzen neuer Bewohner, können stress- und damit legenotauslösend sein.

Wird ein Weibchen ein zweites oder drittes Mal in einem Jahr trächtig, hat es gelegentlich nicht mehr die nötigen Reserven, die einen problemlosen Verlauf der Trächtigkeit und der Eiablage gewährleisten, wenn es nach der letzten Eiablage nicht ausreichend regenerieren konnte. Auch mangelnde Vitamin- und Mineralstoffgaben vor allem nach einer erfolgten Eiablage können zu solchen Schwächezuständen führen. Zwar ist die „Überbeanspruchung" von Weibchen durch ständige Paarungen und Trächtigkeiten bei Wasseragamen nicht so häufig wie z. B. bei Basilisken, vor allem bei *P. cocincinus* und Segelechsen kann es aber dazu kommen. Zur Not müssen die Weibchen zum Aufpäppeln für eine Weile separiert werden. Grundsätzlich sollen nur vollkommen gesunde und gut ernährte Tiere zur Fortpflanzung schreiten.

Kommt es – aus welchen Gründen auch immer – zur Legenot, ist sofortiges Handeln unerlässlich, um das Leben des betroffenen Weibchens und mit etwas Glück das Gelege zu retten. Ein deutlicher Hinweis auf eine Legenot ist gegeben, wenn das Weibchen vorher ausgeführte Grabetätigkeiten plötzlich einstellt, ohne abgelegt zu haben. Wenn es anschließend wieder frisst, obwohl es zuvor die Nahrungsaufnahme eingestellt hatte, und schließlich apathisch wird,

Zwei trächtige Weibchen der Australischen Wasseragame an der Eiablagestelle – Man muss aufpassen, dass keines der Tiere an der Ablage gehindert wird! Foto: B. Langerwerf

ist es meist schon zu spät. Auch vereinzelte, offen im Terrarium abgelegte Eier können das Zeichen einer Legenot sein. Als Risikogruppe gelten zudem junge Weibchen, die erstmals trächtig sind oder deren körperlicher Zustand nicht optimal ist. Wird die Legenot nicht sehr früh erkannt, sind die Aussichten, das Problem in den Griff zu bekommen, nicht sonderlich gut. Bei rechtzeitigem Eingreifen kann das Schlimmste jedoch meistens verhindert werden.

Bei begründetem Verdacht auf Legenot sollte der Tierarzt konsultiert werden, der zunächst ein Röntgenbild anfertigen wird, denn in den seltenen Fällen einer organischen oder mechanischen Störung (zu große Eier, „Eierkollision" in der Kloake etc.) muss ohnehin operiert werden. Liegt keine solche physische Ursache vor, wird die Legenot mit dem Hormon Oxytocin in Verbindung mit Kalziumgaben behandelt.

Die Eiablage sollte nun in den nächsten Stunden erfolgen, sonst muss nach 24 Stunden eine erneute Behandlung erfolgen. Fruchtet auch diese nicht, wird operiert. Im günstigsten und nicht ganz un-

wahrscheinlichen Fall kann bei einer solchen Operation, wenn sie früh genug erfolgt, das Gelege entnommen und die Fruchtbarkeit des Weibchens erhalten werden. Manchmal gelingt sogar noch die Inkubation der Eier.

Eine weitere Störung der Fortpflanzung ist das so genannte „Verwerfen" von Gelegen. Darunter versteht man, wenn das Weibchen die Eier an einem dafür ungeeigneten Ort ablegt, also etwa offen im Terrarium oder auch in den Wasserteil. Die Ursachen können identisch wie bei der Legenot sein, aber auch unbefruchtete Eier werden manchmal verworfen. Besonders bei jungen Agamen, die zum ersten Mal Eier legen, ist dies häufiger zu beobachten. Grundsätzlich sollte eine Inkubation von verworfenen Gelegen versucht werden, es sind schon völlig gesunde Jungtiere aus solchen Eiern geschlüpft. Gelegentlich werden nicht alle Eier beim Verwerfen abgesetzt. In Verdachtsfällen muss eine Röntgenaufnahme Klarheit bringen. Nicht abgelegte Eier führen zum Tod des Weibchens, daher muss man es rechtzeitig dem Tierarzt vorstellen.

3. Eigentliche Wasseragamen – Gattung *Physignathus*

1829	*Physignathus* CUVIER: 59. –
	Species typica: *Physignathus cocincinus*
1831	*Lophura* GRAY: 60 (partim).
1846	*Phrysognathus* AGASSIZ: 290.
1851	*Istiurus* DUMÉRIL & DUMÉRIL: 86 (partim).

Der Gattungsname wurde von CUVIER (1829) bei der Beschreibung von *P. cocincinus* eingeführt. Die einzige latinisierte Schreibweise des Namens dort enthielt allerdings gleich zwei Druckfehler („*Phyhignat,us*", – Vol. 2, S. 41). Da die ins Französische übertragene Bezeichnung „Physignathes" aber dreimal angegeben wird (Vol. 2, S. V und S. 41; Vol. 3 S. 486), kann die korrekte latinisierte Form daraus zweifelsfrei hergeleitet werden (ZHAO & ADLER 1993).

Die Gattung *Physignathus*, die eigentlichen Wasseragamen, besteht nach herkömmlicher Auffassung aus nur zwei Arten. Weitere, früher ebenfalls hierzu gezählte Arten werden heute als eigene Gattung *Lophognathus* aufgefasst (s. Kap. 4). Das eigentümlich unzusammenhängende Verbreitungsgebiet von *Physignathus* und verschiedene unterschiedliche Merkmale haben schon häufiger zu Spekulationen geführt, ob es sich bei der Grünen und der Australischen Wasseragame tatsächlich um Angehörige von ein und derselben Gattung handelt (z. B. WERNING 1995, 1999b). Tatsächlich sind diese Zweifel in

der Zwischenzeit sehr viel lauter geworden: DNA-Analysen lieferten deutliche Hinweise darauf, dass *Physignathus* nicht monophyletisch ist, also nicht auf einen gemeinsamen Ahnen zurückgeht (HONDA et al. 2000; MACEY et al. 2000). Demnach stünde die Australische Wasseragame anderen australischen Agamen näher als ihrem südostasiatischen Gegenstück. Die Folge hieraus müsste sein, *Physignathus* als monotypische Gattung mit der einzigen Art *P. cocincinus* zu betrachten, während für den bisherigen *P. lesueurii* eine neue Gattung zu errichten sein wird. In seiner unveröffentlichten Diplomarbeit kommt WATKINS-COLWELL (1994) nach Auswertung verschiedener morphologischer Merkmale ebenfalls zu dem Schluss, dass die beiden Arten nicht „zusammengehören". Er stellt *P. lesueurii* allerdings zu *Hydrosaurus* und errichtet dort für ihn die Untergattung *Gippsisaurus*. Eine wissenschaftliche Veröffentlichung dieser These fehlt bislang, man darf aber bezweifeln, ob sie sich durchsetzen würde, da die Argumentation auf einer ungewichteten morphologischen Merkmalsanalyse beruht (z. B. wird die sehr spezielle „Segelkonstruktion" nicht stärker gewichtet als einzelne Beschuppungsmerkmale) und zudem die DNA-gestützten Ergebnisse von MACEY et al. (2000) gezeigt haben, dass *Hydrosaurus* innerhalb der Agamen die monotypische Unterfamilie Hydrosaurinae bildet, während *P. lesueurii* zu den Amphibolurinae zu rechnen ist.

Männchen der Grünen Wasseragame im Terrarium
Foto: H. Werning

3.1 Die Grüne Wasseragame (*Physignathus cocincinus*)

3.1.1 Name und Systematik

1829   *Physignathus cocincinus,* CUVIER: 41. – Terra typica: „Cochinchine"

1829–44   *Istiurus cochinshinensis* GUÉRIN-MÉNEVILLE: pl. IX, fig. 2

1831   *Lophura concinna* GRAY: 60.

1831   *Lophura cuvieri* GRAY: 60. – Terra typica: „Cochin China"

1837   *Istiurus physignathus* DUMÉRIL & BIBRON: 387.

1845   *Physignathus concinnus* GRAY, 1845: 248.

1861   *Dilophyrus mentager* GÜNTHER: 188. – Terra tpyica implicata: „Chartaboum, on the coast of Siam"

1864   *Physignathus mentager* GÜNTHER: 153.

1912   *Physignathus cocincinus caudicinctus* BARBOUR 1912a: 191. – Terra typica: Laokay, Tonkin

1912   *Physignathus cocincinus mentager* BARBOUR 1912a: 191.

Grüne Wasseragame, Hinterindische Wasseragame, Cochinchina-Wasseragame
Engl.: Green Water Dragon, Asian Water Dragon, Chinese Water Dragon, Thai Water Dragon
Vietnamesisch: Rong dat (ZIEGLER 2002)

So viele umgangssprachliche Namen es für die Grüne Wasseragame gibt, so viele Varianten des wissenschaftlichen Namens kursieren bei dieser Art. Diese Verwirrung hält bis in die jüngste Zeit an (KAMMERER 1999, s. auch HALLERMANN 1999, SCHMIDT 1999). Dabei gibt es gar nichts zu diskutieren, denn der Erstbeschreiber CUVIER hat den Namen 1829 ein für alle Mal festgelegt: Er benannte diese Agame nach einem Fundort, der auch als Terra typica angegeben ist: Cochinchina (im Deutschen auch Kotschinchina), die Region um das Delta des Mekong im Süden von Vietnam. Die Benennung *co-*

cincinus durch CUVIER stellt vermutlich den Versuch der Latinisierung, vielleicht auch einen Schreib-, Druck- oder Flüchtigkeitsfehler dar, denn die französische Schreibweise der Region lautet „Cochinchine". Entsprechend taucht der Artname auch immer mal wieder in der Version „cochinchinus" oder „cochinchinensis" auf, erstmals von GUÉRIN-MÉNEVILLE (1829–44). Nach den Regeln der zoologischen Nomenklatur gilt in diesem Fall aber die Schreibweise der Erstbeschreibung.

Die „richtige" Aussprache des wissenschaftlichen Namens ist daher nicht direkt auf die namensgebende Region zurückzuführen und sollte sich am Lateinischen orientieren, also „Ko-zin-zí-nus".

Dilophyrus mentager GÜNTHER, 1861 bzw. *Physignathus mentager* GÜNTHER, 1864 ist in die Synonymie von *Physignathus* gestellt worden und wurde gelegentlich als Unterart betrachtet. BARBOUR (1912a) beschrieb die zwei Unterarten *P. c. caudicinctus* und *P. c. mentager*. Diese wurden von nachfolgenden Autoren allerdings nicht anerkannt, da die Merkmale sich als nicht konstant erwiesen.

Nach VIT (1979) wurde die Grüne Wasseragame auf den Preislisten thailändischer Exporteure auch als „P. dragonosdes" angeboten.

3.1.2 Körperbau und Beschuppung

P. cocincinus ist eine große, prächtige Agame von auffälliger Färbung und imposantem Äußeren. Die Tiere werden normalerweise 60–80 cm lang, in Ausnahmefällen können sie vermutlich 100 cm GL erreichen. Der Schwanz nimmt davon mehr als zwei Drittel ein. Die meisten adulten Tiere weisen eine KRL von 15–21 cm bei den Weibchen und 17–25 cm bei den Männchen auf. Grüne Wasseragamen wirken auch deshalb besonders groß, weil sie kräftig gebaut sind. Stattliche Männchen erreichen ein Gewicht von ca. 600, die Weibchen dagegen nur von etwa 350 g.

Der Körper ist lateral (seitlich) abgeflacht, ebenso wie der gesamte Schwanz, auffällig vor allem im hohen vorderen Drittel.

Als besonders prägnantes Merkmal fällt der ineinander übergehende Nacken- und Rückenkamm der Tiere auf, der bei den Männchen wesentlich stärker ausgebildet ist. Auf dem Nacken befindet sich eine große, fleischige Hautfalte, auf der einzeln die lanzenförmig dreieckigen Kammschuppen senkrecht stehen. Auf dem Rücken setzt sich dieser Schuppenkamm übergangslos fort. Am Schwanzansatz ist der Kamm ein kleines Stück unterbrochen, um dann aber auf dem vorderen Schwanzdrittel (nach hinten hin niedriger werdend) noch einmal deutlich in Erscheinung zu treten. Die Kammschuppen werden vor allem bei den Männchen mit zunehmendem Alter – mit starken individuellen Unterschieden – immer größer; sie erreichen eine Länge von ca. 12 mm. Die Schuppen des Rücken- und Nackenkamms sind voneinander durch kleinere Schuppen separiert, die des Schwanzkamms dagegen berühren sich. An dessen Ende (ca. 1/4 bis 1/3 der Schwanzlänge) werden die Kammschuppen durch eine Doppelreihe vergrößerter Schuppen ersetzt, die sich bis zur Schwanzspitze erstreckt.

Zum Bau der Hemipenes s. ZIEGLER (2002), Beschuppungsdetails und Schädelbau in WATKINS-COLWELL (1994) und MOODY (1980).

Unterkiefer und Backen mit ebenfalls stark vergrößerten, teilweise rundlich hervorstehenden Tuberkelschuppen. Einige davon am hinteren und unteren Backenrand besonders groß und weit hervorragend. Rostralschild an der Schnauzenspitze etwas breiter als höher, nach hinten eingerahmt von zwei Supralabialia und acht Postrostralia. Lippen mit 12–14 Supra- und 10–12 Sublabialschuppen. Zweite Reihe vergrößerter Schuppen vom Kinn entlang dem Unterkiefer. Auch Supralabialia von einer zweiten Reihe vergrößerter Schuppen eingerahmt. Nasenlöcher von einem Ring leicht hervorstehender Schuppen

umgeben und durch drei Schuppen vom Rostralschild, durch fünf von den Supralabialia getrennt. Nasenlöcher auf Kopfoberseite durch etwa zehn Reihen etwas größerer Schuppen getrennt. Eine Reihe vergrößerter Schuppen vom Nasenloch über das Auge grenzt die kleineren Supraocularia nach außen ab; unterhalb des Auges eine weitere Reihe von 4–6 vergrößerten Subocularia. Je eine Reihe mit 4–8 Femoralporen. Körper ansonsten relativ gleichmäßig mit kleinen Schuppen bedeckt (Ventralia größer als Dorsalia), die auf dem Rücken mit einem Kiel versehen sind, der zu den Seiten abstumpft und schließlich ganz verschwindet. Dorsalia vom Kamm zu den Seiten kleiner, zu den Ventralia wieder größer werdend. Ventralia völlig ungekielt. Diese Beschuppung auch am Schwanz, dort aber die Schuppen der Schwanzunterseite vor allem im vorderen Viertel mit deutlichen Kielen. Mikroskopischer Bau der Schuppen und Haut-Sinnesorgane bei ANANJEVA et al. (1991).

Ich habe den Eindruck, dass die früher aus Thailand importierten Tiere einen kürzeren und stumpferen Schädel haben als die heute aus Vietnam stammenden Exemplare, die insgesamt einen schlankeren Eindruck machen, aber einen höheren Rückenkamm zu haben scheinen. Außerdem scheinen mir die Vietnam-Tiere eher blaugrüne Farbtöne zu zeigen. Ähnliche Mutmaßungen stellt auch KODYM (1992) an. Wissenschaftliche Untersuchungen zur geographischen Variation fehlen aber.

Kräftig grün gefärbtes Weibchen von *P. cocincinus* Foto: H. Werning

3.1.3 Färbung

Die Grundfärbung ist – wie der Name ahnen lässt – kräftig oliv-, blatt- oder blaugrün. Auf den Seiten sind 3–5 weiße bis cremefarbene oder bläuliche, unregelmäßig verlaufende Querbinden zu erkennen. Bei den Jungtieren sind diese scharf abgetrennt und kräftig, mit zunehmendem Alter werden sie jedoch undeutlicher oder verschwinden sogar

Pärchen im Terrarium Foto: H. Werning

ganz. Die obere Kopfhälfte ist etwas dunkler gefärbt, besonders bei älteren Männchen. Oft ist bei adulten Männchen auch ein undeutliches, schattenhaftes, dunkles Längsband an den Kopfseiten zu sehen, das hinter dem Auge ansetzt und sich über das Trommelfell bis zum hinteren Backenrand erstreckt. Die vergrößerten Schuppen der Unterkieferseiten und Backen sind weiß bis grau, können aber auch ins Bläuliche gehen oder sogar kräftig rosa bis orange gefärbt sein. Insbesondere bei den Männchen ist der Achselbereich häufig intensiv gelblich bis orange getönt. Auch Kehle und Brust können diese Prachtfärbung zeigen, sind normalerweise aber grün oder weißlich. Zum Bauch hin hellt die Färbung des unteren Seitenbereichs deutlich auf. Nach TAYLOR (1963) kann die Bauchseite zudem bläulich gefleckt sein. Die hinteren drei Viertel des Schwanzes sind mit dunklen Binden gemustert, die zum Schwanzende hin immer größer werden und die grüne Grundfärbung auf Flecken reduzieren oder ganz verdrängen. Bei niedrigen Temperaturen nehmen die Tiere eine düstere, schwarzgrüne Färbung an. Nachts hellen sie deutlich auf.

3.1.4 Geschlechtsunterschiede

Die Geschlechtsunterscheidung bei Grünen Wasseragamen ist nicht immer ganz einfach. Während große geschlechtsreife Tiere auf den ersten Blick identifiziert werden können, lassen sich bei Jungtieren überhaupt keine Aussagen aufgrund äußerlicher Merkmale treffen. Erste Unterschiede zeigen sich im Alter zwischen vier und acht Monaten. Dominante Männchen entwickeln sich schneller, werden massiger und größer und zeigen bald auch schon im Vergleich zu gleichaltrigen Geschwistertieren höhere Kämme und einen breiteren, kantigeren Schädel. Dies sind aber keineswegs sichere Merkmale, und selbst junge geschlechtsreife Tiere sind nicht unbedingt eindeutig zu erkennen. Bei unterdrückten Männchen entwickeln sich die äußeren Geschlechtsmerkmale später oder undeutlicher; hinzu kommen beachtliche individuelle Unterschiede in der Ausprägung. Eine gewisse Sekpsis ist also immer angebracht, wenn Ihnen Tiere „mit sicherem Geschlecht" angeboten werden.

Trotz dieser einschränkenden Hinweise: Grundsätzlich unterscheiden sich die Geschlechter durch

Männchen (links) haben vergrößerte Femoralporen und eine kräftigere Schwanzwurzel als Weibchen (rechts)
Fotos: H. Werning

folgende Merkmale:

- Insgesamt sind die Männchen massiger gebaut, sie werden schwerer und größer.
- Der Kopf der Männchen ist deutlich massiger und kantiger. Die Backenregion ist viel kräftiger entwickelt und wirkt regelrecht angeschwollen, der Kopf ist deutlicher vom Hals abgesetzt.
- Nacken-, Rücken- und Schwanzkämme sind bei den Männchen höher und kräftiger entwickelt. D. h., sowohl der Nackenlappen und der Hautwulst entlang der Wirbelsäule sind bei ihnen größer, als auch die einzelnen Kammschuppen höher und größer. Bei den Weibchen sind die Kämme kleiner oder kaum vorhanden.
- Männchen haben oft eine orangefarbene Achselregion und gelegentlich rosafarbene oder bläuliche Anflüge in der Backenregion. Auch die Kehle ist häufig dunkler gefärbt als bei den Weibchen oder orangefarben, während die der Weibchen immer hellgrün ist.
- Die Schwanzbasis ist bei den Männchen deutlich dicker, die Kloake wirkt im Vergleich etwas angeschwollen.
- Die Femoralporen sind bei den Männchen stärker entwickelt.

Auf das gelegentlich praktizierte Sondieren sollte man lieber verzichten, da einerseits die Verletzungsgefahr erheblich ist und andererseits die Tiere durch Muskelkontraktionen die festgestellte Eindringtiefe manipulieren können, sodass diese nicht immer verlässlich ist. Wenn überhaupt praktiziert, sollte diese Methode sehr erfahrenen Haltern und Tierärzten vorbehalten bleiben, bei Jungtieren ist ganz darauf zu verzichten.

3.1.5 Verbreitung

P. cocincinus ist auf dem südostasiatischen Festland weit verbreitet (SMITH 1935; TAYLOR 1963; WELCH et al. 1990; ZHAO & ADLER 1993; ZIEGLER 2002). Vereinfacht gesagt lebt er im südostasiatischen Regenwaldgürtel, dringt aber nicht bis auf die malaiische Halbinsel vor. Das Verbreitungsgebiet erstreckt sich

Verbreitung von *Physignathus cocincinus*

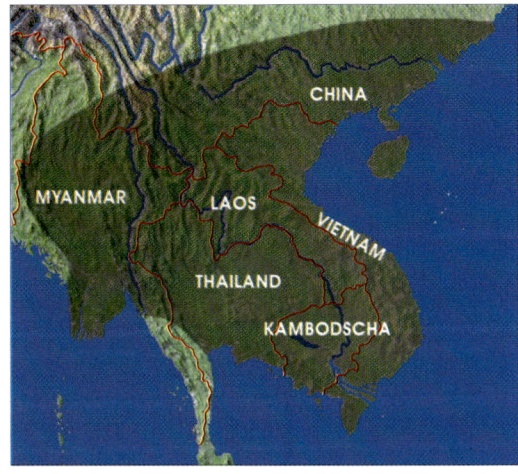

über den größten Teil von Myanmar (das ehemalige Birma) und den Süden Chinas (Provinzen Yunan, Guandong und Guangxi in der Fujian-Guandong-Küstenebene und den südlichen Ausläufern des Yunan-Gebirges) über ganz Laos, Vietnam und Kambodscha sowie den größten Teil von Thailand außer dem „Südzipfel". Die östliche Verbreitungsgrenze liegt etwa bei der chinesischen Stadt Shantou, im Westen dringt die Art vermutlich bis zum Arakan-Gebirge (Arakan Yoma) in Myanmar vor.

In Vietnam wird *P. cocincinus* als „gefährdet" geführt (MIN. SCI. TEC. ENV. 1992 in ZIEGLER 2002), ZHAO (1998) schätzt ihn in China als ohnehin selten und außerdem als gefährdet ein.

3.1.6 Lebensraum
Die Grüne Wasseragame ist eine Bewohnerin tropischer Tieflandregenwälder und lebt dort in der Nähe von Gewässern. Das typische Habitat sind dicht bewachsene Ufer von Flüssen, stehenden Gewässern oder Sümpfen, besonders, wenn sandige Stellen im Uferbereich vorhanden sind, die von den Weibchen zur Eiablage genutzt werden (SMITH 1935; TOMEY 1985; MANTHEY & MANTHEY 2000; ZIEGLER 2002). ZIEGLER (2002) fand die Tiere in Vietnam in Höhen von 90–300 m am häufigsten in der Nähe von Waldbächen und im Bereich von Wasserfällen in von Menschen weitgehend unbeeinflussten Primärwaldgebieten, aber auch an Bächen im Einzugsgebiet eines Dorfes, STUART (1999) in Laos in Regenwaldgebieten zwischen 60 und 700 m. Die Tiere besiedeln auch landwirtschaftliche Nutzflächen (INGER & COLWELL 1977). MANTHEY & MANTHEY (1999) beobachteten die Art in Thailand und Laos auf Ästen über Flüssen, am Flussufer, in der Nähe von Wasserfällen und im Regenwald in der Nähe eines Flusses.

Männchen (links) haben massigere Köpfe, geschwollenere Backen und höhere Kämme als Weibchen (rechts)
Fotos: T. Ziegler

3.1.7 Klima

Im Verbreitungsgebiet der Grünen Wasseragame herrscht typisch tropisches, monsunbeeinflusstes Regenwaldklima. Die Temperaturen sind im Jahresverlauf relativ stabil. Der jährliche Durchschnittswert liegt bei etwa 25 °C. Die Tageshöchsttemperaturen schwanken zwischen 30 und 40 °C, nachts sinken die Werte im größten Teil des Verbreitungsgebiets nicht unter 18 °C. Lediglich im Norden gibt es einen ausgeprägteren Jahresverlauf der Temperaturen (s. Klimadiagramme). Die gesamte Region ist vom Monsun geprägt. Der Südwest-Monsun von Mitte Mai bis Oktober bringt viel Regen, der Rest des Jahres ist relativ niederschlagsarm. Der jährliche Niederschlag schwankt je nach Ort von 1300–3000 mm. Die relative Luftfeuchtigkeit liegt je nach Ort und Jahreszeit zwischen 75 und 92 % morgens sowie 55 und 70 % abends.

3.1.8 Lebensweise

Grüne Wasseragamen sind an die verschiedenen Komponenten ihres Lebensraums hervorragend angepasst: Sie bewegen sich ebenso sicher in den oberen Stockwerken des Waldes wie auf dem Boden oder im Wasser. Sie können also hervorragend klettern, auf dem Boden laufen, schwimmen und tauchen.

Obwohl es sich um recht stattliche und für sich betrachtet auffällige Echsen handelt, die ein großes Verbreitungsgebiet bewohnen und zudem relativ häufig sind, liegen nur wenige Freilandbeobachtungen vor. Dies ist sicher auf den Lebensraum (dicht bewachsene Ufer) zurückzuführen, aber auch auf die Lebensweise, denn die Wasseragamen verbringen gerne viel Zeit in größerer Höhe oder ziehen sich bei Hitze in den Schatten zurück (MEEK 1999). Nachts sind die Agamen leichter zu finden, wenn sie auf Ästen oder in der Vegetation schlafen. Ältere Tiere fand ZIEGLER (2002) bis in eine Höhe von 5 m über dem Boden oder dem Wasser, Jungtiere eher in 30–150 cm Höhe. Bei nächtlicher Störung versuchten die Agamen, sich durch Sprünge ins Wasser in Sicherheit zu bringen, wo sie häufig zur Laubschicht abtauchten, um sich dort zu verbergen. Das Verhalten, sich zum Schlafen auf Äste, Zweige, Stängel und Blätter zurückziehen, ist von vielen baumbe-

Fundort von *P. cocincinus* in Vietnam Foto: T. Ziegler

An diesem Wasserfall wurde *P. cocincinus* in Thailand gefunden. Foto: I. Fritzsche

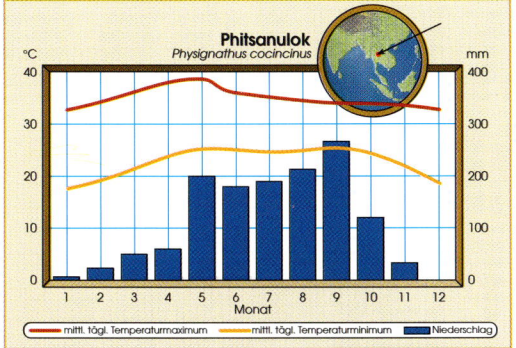

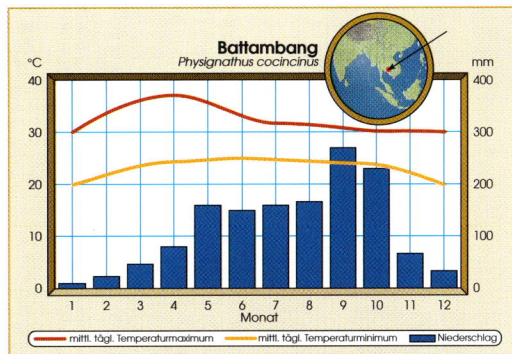

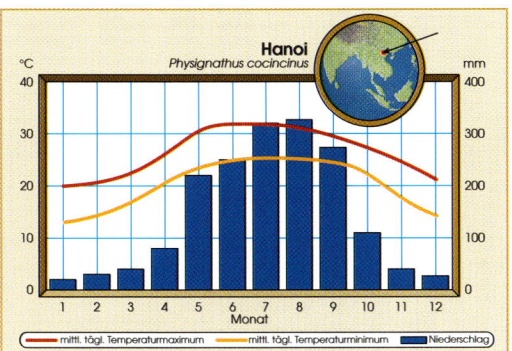

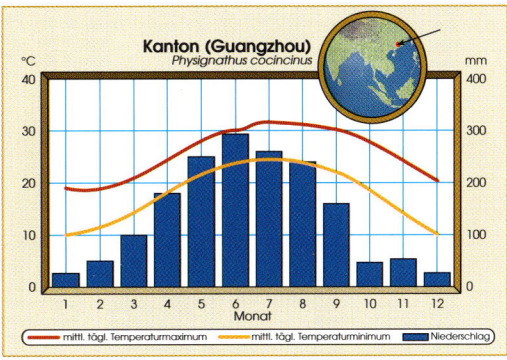

Klimadaten aus dem Verbreitungsgebiet von *Physignathus cocincinus*

wohnenden Echsen bekannt. Es dient dem Schutz gegen nächtliche Prädatoren wie z. B. Schlangen, die aufgrund ihrer Größe zum einen Schwierigkeiten haben, die feinen Ästchen oder Blätter zu erklimmen, zum anderen dabei Erschütterungen verursachen, die die schlafenden Echsen aufschrecken und sofort fliehen lassen.

Alle Tiere, die MANTHEY & MANTHEY (1999) beobachteten, flüchteten bei Annäherung nicht ins nahe gelegene Wasser, sondern verharrten ruhig oder zogen sich in Verstecke oder den Wald zurück. Selbst Tiere, die auf Ästen über dem Wasser saßen, sprangen nicht einmal in den Fluss, als die Autoren an dem Baum schüttelten, sondern bewegten sich nicht und hielten sich dabei gut fest.

Angesichts der raren Freilandbeobachtungen ist besonders eine Untersuchung von MEEK (1999) von Interesse, der eine Gruppen von fünf Grünen Wasseragamen (ein adultes Pärchen und ein männliches

sowie zwei weibliche subadulte Tiere) unter seminatürlichen Gewächshausbedingungen (6 m x 5,5 m x 4 m) über einen Zeitraum von zwei Jahren beobachtete. Alle Tiere erwiesen sich als territorial und besaßen nur einen relativ kleinen Aktionsradius (Home Range); keines nutzte im Lauf der Zeit den gesamten Raum des Geheges. Die größten Entfernungen legte das adulte Weibchen bei der Suche nach einem Nistplatz zurück. Die Home Ranges der Tiere überlappten einander zwar, jedoch hielten sich vor allem gleichgeschlechtliche Tiere meistens an unterschiedlichen Orten auf. Das subadulte Männchen hatte die kleinste Home Range und den geringsten Aktivitätsradius, ging dem dominanten „Platzhirsch" also offenkundig weitestgehend aus dem Weg. Dieses Verhalten dürfte auf die im Vergleich zur Natur dann doch „beengten" Gewächshausverhältnisse zurückzuführen sein, denn aus vielen anderen Beobachtungen bei territorialen standorttreuen Echsen weiß man, dass gerade rangniedere Tiere aufgrund schlechterer Ressourcenverteilung einen größeren Aktionsradius beanspruchen müssen. Aggressives Verhalten zwischen den Tieren wurde im Gewächshaus aber nicht beobachtet. Die subadulten Tiere hielten sich tagsüber insgesamt eher in größerer Höhe auf als die Adulti.

Grüne Wasseragamen sind „sit and wait"-Prädatoren, sie suchen also nicht aktiv nach Nahrung, sondern beobachten von einem Aussichtsposten aus aufmerksam ihre Umgebung und warten darauf, dass sich ein Beutetier zeigt. Gleichzeitig können sie so nach Prädatoren Ausschau halten und sind zudem durch ihre Bewegungslosigkeit in Verbindung mit ihrer Färbung gut getarnt. Auf diese Weise halten sie auch ihren Energieverbrauch auf niedrigem Niveau. Abgesehen von sozialer Interaktion, Beutefang und Koten steht die Aktivität der Tiere vor allem mit der Thermoregulation in Zusammenhang. Hierüber geben wiederum die Ergebnisse von MEEK (1999) interessante Aufschlüsse: Trotz des großen Raumangebots bewegten die Tiere sich vergleichsweise selten. Oft blieben sie auch über mehrere Tage an ihrem Platz, maximal veränderten sie neun- bis zehnmal am Tag ihren Standort. Die Häufigkeit der Aktivitäten hing eng mit dem Wetter und damit dem Thermoregulationsverhalten zusammen. Bei bedecktem Himmel bewegten sie sich besonders selten, sie verhielten sich „thermokonform", unternahmen also nicht allzu viel zur Regulation ihrer Körpertemperatur. Bei kühlerem Wetter suchten sie sonnigere Stellen oder auch die Wärmestrahler des Geheges auf, um sich zunächst auf die gewünschte Körpertemperatur zu erwärmen, bevor sie sich auf ihre Aussichtsplätze begaben. Bei Sonnenschein und steigender Außentemperatur nahm die Aktivität zu, und die Tiere gingen häufiger ins Wasser. Bei großer Hitze zogen sie sich in den Schatten zurück oder kühlten sich im Wasser ab. Sie mieden die pralle Sonne und hielten sich eher im Halbschatten auf. So verhinderten sie, sich in den Vollschatten zurückziehen zu müssen, von wo aus sie schlechtere Beobachtungsmöglichkeiten über die Umgebung gehabt hätten. Erst bei großer Hitze schließlich zogen sich komplett in den Schatten zurück. Bei überwiegend bedecktem Himmel nahm die Aktivität insgesamt ab, dafür sonnten die Tiere sich häufiger in der prallen Sonne (bzw. unter Wärmestrahlern). Der Aktivitätsradius blieb unter allen äußeren Bedingungen konstant: Die Agamen bewegten sich pro Aktion durchschnittlich nur etwa einen Meter weit. Das liegt daran, dass der tropische Wald ein „Ort der kurzen Wege" ist, was die Stellen für Abkühlung, stabile Temperaturen oder Aufwärmen angeht. Ein kleiner Schritt auf dem Ast vom Halbschatten in die Sonne oder ein Sprung ins Wasser genügen, um die gewünschten Bedingungen zu erreichen.

Insgesamt halten die Wasseragamen ihre Körpertemperatur auf niedrigerem Niveau als viele Bewohner offenerer Lebensräume (etwa *Phisgnathus lesueurii* oder *Lophognathus longirostris*; vgl. GRIGG et al. 1979; LICHT et al. 1966a). Sie fressen bereits bei einer Körpertemperatur von 22 °C. Bei Wahlmöglichkeit regulieren die Agamen ihre Körpertemperatur in einem Bereich von 22–38 °C, je nach Wetterlage.

In einer Versuchsreihe studierten VÖLLM & RÜEDI (1983) die Reaktion der Grünen Wasseragame auf die Außentemperatur. Wurden die Tiere mit einer Wärmelampe bestrahlt, stieg ihre Körpertemperatur nach einer Latenzzeit von 10 Minuten schnell an. Ab rund 33 °C zeigten die Tiere Zeichen von Unruhe wie Züngeln und Schluckbewegungen und versuchten, aus dem Bereich der Wärmequelle zu gelangen. Die Pulsfrequenz stieg von ursprünglich 40 auf 100 Schläge pro Minute. Wurden die Tiere kurzfristig Temperaturen von 0 °C ausgesetzt, sank die Körpertemperatur rasch auf 10 °C ab und stabilisierte sich dann eine Weile, gleichzeitig verringerte sich die Pulsfrequenz auf 10 Schläge pro Minute und die Atmung setzte zeitweilig für 30 Sekunden aus; die Körperfunktionen waren auf ein Minimum reduziert, wenn auch die Reflexe noch nicht ganz erloschen. Auf diese Weise können Grüne Wasseragamen auch größere Temperatureinbrüche, wie sie im Norden des Verbreitungsgebiets vorkommen, gut überstehen.

Wie oben erwähnt, flüchten Grüne Wasseragamen häufig ins Wasser, wo sie sich unter Steinen oder Laub verstecken oder auch davontauchen bzw. -schwimmen. Dabei legen sie die Beine eng an den Körper, während der seitlich abgeflachte Ruderschwanz horizontal hin- und herbewegt wird und somit für den Antrieb sorgt. Beim „normalen" Schwimmen wird der Kopf aus dem Wasser gehalten, die Tiere tauchen aber ebenso gut. Das Wasser wird nicht nur zur Flucht, sonder auch zum Nahrungserwerb (Fische, Insekten, Frösche) und zum Bad (Abkühlen, Koten) aufgesucht. Auch im Wasser ist *P. cocincinus* gut getarnt, denn „das Zeichnungsmuster an den Körperseiten in der Strömung (wirkt) konturenauflösend" (TOMEY 1985). Gleiches gilt natürlich auch für das dicht bewachsene Ufer, wo die Tiere dank ihrer Färbung und Zeichnung nur äußerst schwer auszumachen sind.

Werden sie an Land zur Flucht genötigt, können sie kurze Distanzen nur auf den Hinterbeinen rennend zurücklegen (genauere Beobachtungen zum bipedalen Laufen liegen über *P. lesueurii* vor, s. Kap. 3.2.8).

Zur sozialen Interaktion (Revierverhalten, Balz) verfügen Wasseragamen über ein breites Spektrum unterschiedlicher Verhaltensweisen. Teilweise handelt es sich dabei um entwicklungsgeschichtlich sehr alte Abläufe, die in gleicher oder ähnlicher Form bei allen Iguania, also bei anderen Agamen und auch Leguanen, zu beobachten sind. Besonders prägnant ist das „Kopfnicken": Der Kopf wird ruckartig auf- und abbewegt. Dieses Kopfnicken variiert stark in Frequenz, Häufigkeit und Amplitude (also dem „Ausschlag" des Kopfes nach oben und unten) und kann je nachdem sehr unterschiedliche Bedeutung haben. Hierzu gehört das „Anzeigeverhalten", ein einfaches, wenig heftiges, ungerichtetes Nicken, das wohl einfach nur ein „Hier bin ich!" aussagen soll. Es wird auch beim Balzverhalten vom Männchen zum Imponieren eingesetzt, und schließlich kommt es bei Auseinandersetzungen zwischen zwei Männchen zum Tragen.

Ein weiteres häufiges Kommunikationsmittel ist das „Armrudern" oder „Winken". Hierbei handelt es sich ebenfalls um eine Drohgeste, die häufig auch von den Weibchen bei Auseinandersetzungen untereinander oder zur Abwehr eines aufdringlichen Männchens benutzt wird (anders dagegen bei *Lophognathus*, s. Kap. 4.5). Die Agame hebt dabei ein Vorderbein an und führt damit rudernde Kreisbewegungen aus. TOMEY (1985) berichtet, dass gelegent-

P. cocincinus verbringt viel Zeit hoch oben im Blattgewirr und ist dort schwer auszumachen. Foto: W. Grossmann

lich sogar mit beiden Vorderbeinen gleichzeitig gewunken werde: „Hat die drohende Echse einen guten Sitzplatz, winkt sie auch mit beiden vorderen Extremitäten, mit den beiden hinteren klammert sie sich dann fest. Dabei liegt sie sozusagen auf dem Bauch." Ein solches Verhalten konnte ich allerdings noch nie beobachten.

Nach den oben beschriebenen Einschüchterungsmanövern treten unterlegene Agamen die Flucht an und werden vom Stärkeren noch ein Stück verfolgt. Im Terrarium führt genau dieses Verhalten immer wieder zu Problemen, da die Unterlegenen nicht entkommen können. Geraten zwei etwa gleich starke Tiere aneinander, kommt es zur direkten Konfrontation. Die Gegner flachen sich seitlich stark ab und drehen einander die Seiten zu, sodass sie größer wirken, als sie wirklich sind („Breitseitimponieren"). Dabei drohen sie sich bei geöffnetem Maul und mit aufgeblähter Kehle unter heftigem Kopfnicken an. Flüchtet auch nun noch keiner der Kontrahenten, versuchen sie, in der Nackenregion, am Kopf und am Rückenkamm des Gegenübers Bisse anzubringen. In den meisten Fällen dürfte es bis hierhin nur zu Scheinattacken kommen. Normalerweise gibt sich dann, ohne dass es zu wirklichen physischen Angriffen kommt, ein Tier geschlagen und tritt mit „schlängelnden, offenbar Furcht ausdrückenden Körperbewegungen" (DEDEKIND & PETZOLD 1982) die Flucht an. Gelegentlich kommt es aber auch zu Verletzungsangriffen.

Nachts schlafen Grüne Wasseragamen häufig auf kleinen Ästen. Foto: T. Ziegler

3.1.9 Handel

Der Großteil der in den 80er- und frühen 90er-Jahren nach Europa importierten Grünen Wasseragamen dürfte aus Thailand gekommen sein (WOLFGANG GROSSMANN, WOLFGANG WENGLER, mdl. Mittlg.). Nachdem dieses Land den kommerziellen Export von Reptilien gestoppt hat, stammen die Tiere heute wohl vor allem aus Vietnam bzw. werden von dort aus exportiert. COBORN (undatiert) gibt als Exportland außerdem China an.

Grüne Wasseragamen gehören zu den „klassischen" Terrarientieren, die seit Jahrzehnten unverändert konstant in der Terraristik und im Zoohandel vertreten sind. Sie werden nach wie vor häufig und zahlreich nach Europa und in die USA importiert. Da die Importe nicht gemeldet und erfasst werden, fehlt Datenmaterial. STEINMETZ et al. (1998) untersuchten 1996 den Tierhandel in Deutschland. *P. cocincinus* gehörte in diesem Jahr zu den zehn am zahlreichsten importierten Reptilien – 2788 Individuen wurden eingeführt und machten damit 1,83 % der insgesamt importierten Reptilien aus. Auch wenn dies nur eine vereinzelte Zahl ist, kann davon ausgegangen werden, dass Grüne Wasseragamen über die Jahre und bis heute besonders häufig importiert wurden und werden. Kaum ein Zoogeschäft mit Terrarienabteilung, das die Jungtiere dieser Art nicht regelmäßig im Angebot hätte. Auch in Spanien ist die Art sehr populär und ständig zu niedrigen Preisen verfügbar (LLADO HÄDINGER 1996).

3.1.10 Haltung im Terrarium

Die hohen Einfuhrzahlen zeugen von der Beliebtheit der Wasseragamen, und diese besteht nicht zu Unrecht. Ich halte *P. cocincinus* für eine hervorragend für das Terrarium geeignete Art – vorausgesetzt, das Terrarium ist groß genug. Dies ist – neben dem „Schnauzenproblem", mit dem es teils in Zusammenhang steht – der einzige kritische Punkt. Ansonsten gibt es nur Positives zu vermelden: Grüne Wasseragamen sind leicht zu pflegen, sie stellen keine hohen Anforderungen an Ausstattung und Technik des Terrariums, sind problemlos zu ernähren und neigen wenig zu ernährungsbedingten Erkrankungen, sind insgesamt kaum anfällig für Krankheiten und leicht zu vermehren.

Diese Robustheit bedeutet natürlich nicht, dass ihre Bedürfnisse vernachlässigt werden dürfen. Die Anforderungen an die Haltung sind im Kapitel 2 ausführlich beschrieben. Grundsätzlich sollte man aus dem Handel nur Jungtiere oder junge Erwachsene erwerben. Die Aufzucht ist relativ problemlos, und bei ihnen ist die Chance am besten, dass sie sich problemlos eingewöhnen. Größere Wasseragamen sollten nach meiner Meinung gar nicht importiert werden, da sie häufig schwierig bis gar nicht einzugewöhnen sind und sich mit größerer Wahrscheinlichkeit bei ihren andauernden Fluchtversuchen an der Schnauze verletzen werden (was natürlich nicht heißt, dass vereinzelt nicht auch sehr ruhige und gut einzugewöhnende adulte Wildfänge in den Handel gelangen können). Am besten erwirbt man aber ohnehin natürlich Nachzuchten, die leicht erhältlich sind. Inzwischen werden sie auch in manchen Zoogeschäften angeboten und sind über Anzeigen von Privatzüchtern relativ problemlos zu finden.

3.1.11 Ernährung

Grüne Wasseragamen ernähren sich im Terrarium hauptsächlich von Wirbellosen aller Art, sind aber relativ opportunistische Fresser, die ebenso kleine Wirbeltiere überwältigen, aber auch pflanzliche Nahrung zu sich nehmen. Die Hauptnahrung in der Natur sind sicherlich Insekten und andere Gliedertiere. ZIEGLER (2002) fand Käfer als mit Abstand größten Nahrungsbestandteil bei 28 untersuchten Wasseragamen aus Vietnam, gefolgt von Heuschreckenartigen, Spinnen und Tausendfüßerartigen, aber auch eine Blindschlange und einen Skolopender. Die Nahrung wird teilweise aus dem Wasser erbeutet: Neben auf der Wasseroberfläche treibenden Insekten werden selbst Fische gefangen (SMITH 1935; TOMEY 1985). Als einzig verfügbare Untersuchung sind die Ergebnisse von ZIEGLER von besonderem Interesse. Die von ihm untersuchten Tiere hatten allesamt einen gut angefüllten Magen-Darm-Trakt. Durchschnittlich etwa ein Drittel der Nahrung bestand aus pflanzlichem Material! Der Anteil der pflanzlichen Nahrung stieg mit der Größe der Tiere an. Große adulte Wasseragamen hatten 80–90 % pflanzliche Nahrung gefressen. Diese Ergebnisse sind relativ überraschend. Zwar wusste man schon aus Terrarienbeobachtungen, dass Grüne Wasseragamen pflanzliche Kost gerne annehmen, dass sie aber auch in der Natur mit steigendem Alter eine so große Rolle spielt, ist neu. Natürlich bedarf dieser Umstand weiterer Klärung, schließlich handelt es sich um eine Einzeluntersuchung von

einem Ort. Dennoch können ZIEGLERS Daten als Indiz gewertet werden, dass *P. cocincinus* als Adulttiere als omnivor – also allesfressend – betrachtet werden und auch im Terrarium mit einem größeren Anteil pflanzlicher Kost ernährt werden sollten. Allerdings verweigern manche Wasseragamen unter Terrarienbedingungen pflanzliche Nahrung.

Im Terrarium haben Grüne Wasseragamen nach eigenen Erfahrungen und Literaturangaben Folgendes gefressen: Verschiedene Grillenarten, Heuschrecken, Schmetterlinge und Nachtfalter, Schaben, diverse Insektenlarven (Mehlwürmer, Wachsraupen, *Zophobas*-Larven), Käfer (z. B. Mehlkäfer, auch *Zophobas*-Käfer, die von vielen anderen Echsen verschmäht werden), kleinere Echsen, Jungtiere der eigenen Art, Würmer, Mäuse, junge Ratten, Fische, Süßwasserkrabben (*Potamon*), Miesmuscheln, Sperlinge, Vogelspinnen (*Eurypelma*), Fleisch, Frösche, Schlangen (Ringelnatter), Bananen, Weintrauben, Tomaten, Apfelsinen, Äpfel, Erdbeeren, Melonen, Salat, Löwenzahn, Chicorée, Blumen- und Rosenkohl, Vogelmiere, gekochte Möhren, gekochten Reis, Pflaumen, Kirschen, Milchpulver.

Diese enorm breite Nahrungspalette sollte aber nicht darüber hinwegtäuschen, dass einzelne Tiere durchaus wählerisch sein können. Einige meiner Tiere rühren keine Mäuse an, andere haben noch nie pflanzliche Nahrung akzeptiert. Man sollte also eine möglichst breite Futterpalette anbieten und muss gegebenenfalls auf individuelle Vorlieben eingehen.

Drohendes Männchen der Grünen Wasseragame Foto: T. Ziegler

3.1.12 Verhalten im Terrarium

Eingewöhnte große Grüne Wasseragamen sind relativ ruhige Zeitgenossen. Einen guten Teil des Tages verbringen sie geruhsam auf ihren Stammplätzen auf den Ästen. Die Tiere kommunizieren aber mit den agamentypischen Verhaltensweisen untereinander. Das Männchen gibt bei jeder Gelegenheit seine dominante Stellung durch Kopfnicken zu verstehen. Dies geschieht häufig, wenn ein Weibchen sich in seinem Sichtfeld bewegt, aber auch bei Kontakt mit dem Pfleger. Die Agamen bekommen durchaus mit, wenn außerhalb des Terrariums etwas passiert. Besuch wird oftmals nickend „begrüßt".

Eine typische Kommunikation eines Pärchens im Terrarium spielt sich etwa so ab: Das Männchen nickt das Weibchen an, läuft ein paar Schritte auf dieses zu oder springt auf dessen Ast, das Weibchen weicht auf einen anderen Ast aus und „winkt".

Bei Erregung wackeln Wasseragamen häufig auch mit dem hinteren Schwanzdrittel. Dieses wird „wurmartig" hin- und herbewegt, beispielsweise, wenn die Echse einem Futtertier auflauert, aber auch im Zuge von Auseinandersetzungen oder bei der Balz während kleinerer „Aktionspausen".

Junge Wasseragamen sind erheblich lebhafter. Pflegt man eine kleine Gruppe in einem geräumigen Terrarium, ist eigentlich immer etwas los. Irgendwer droht irgendwen an, ein anderer springt von Ast zu Ast, während ein weiteres Tier ein Bad nimmt. Auch die Jungen handeln mit denselben Verhaltensweisen feste Rangordnungen aus. Dabei kann es bereits im subadulten Stadium zu teils heftigen Auseinandersetzungen kommen (s. Kap. 2.7).

Wie schon erwähnt, baden Wasseragamen gerne und ausgiebig. Zu drei Gelegenheiten gehen sie besonders häufig ins Wasser: zum Koten, nach dem Fressen und nach dem Besprühen. Nach dem Fressen wird der Kopf unter Wasser gehalten und mit den Hinterbeinen „geschrubbt".

Eine interessante Verhaltensweise zeigte sich bei einer meiner Wasseragamengruppen mit zwei als Jungtieren importierten Wildfängen und einem Nachzuchttier. Als wir zwischenzeitlich eine Katze in Pflege hatten, sprangen die Wasseragamen in ihr Wasserbecken und tauchten dort unter, sobald sie die neue Mitbewohnerin zu Gesicht bekamen. Bewegungslos verharrten sie dort über eine Stunde, ehe sie sich wieder vorsichtig an Land trauten. Dieser Fluchtreflex wiederholte sich, wann immer die Katze vor dem Terrarium auftauchte; diese Furcht vor Katzen ist also offenkundig genetisch fixiert. Auf Hunde reagieren die Agamen dagegen nicht.

Weibchen im Terrarium Foto: H. Werning

3.1.13 Fortpflanzung

Balz und Paarung

Über das Balz- und Paarungsverhalten in der Natur liegen keine Beobachtungen vor. Im Terrarium dagegen wird die Grüne Wasseragame regelmäßig nachgezüchtet, sodass auch die damit verbundenen Verhaltensweisen inzwischen recht gut bekannt sind (DEDEKIND & PETZOLD 1983; HESSELING 1988; KAMMERER 1999; KODYM 1992; LIESACK 1999, 2001; LLADO HÄDINGER 1996; SCHLIEMANN 1968; WERNING 1993, 1995, 1999a). Wahrscheinlich beeinflusst der jahreszeitliche Wechsel zwischen Regen- und Trockenzeit das Fortpflanzungsverhalten der Grünen Wasseragame in der Natur. Im Norden des Verbreitungsgebietes wird zudem auch der jährliche Temperaturverlauf eine Rolle spielen. Wie bei vielen anderen Echsen tropischer Regenwaldgebiete (z. B. Basilisken) kann dieser Rhythmus in der Haltung aber problemlos ignoriert werden, ohne dass irgendwelche negativen Auswirkungen auf Fortpflanzungsbereitschaft, Wohlbefinden oder Lebensdauer zu bemerken wären. Die Wasseragamen können sich zu jeder Jahreszeit im Terrarium vermehren. Dabei ist es nicht ungewöhnlich, wenn ein Weibchen zwei Gelege in einem Jahr absetzt, gelegentlich sogar drei.

Es wird häufiger empfohlen, zur Paarungsauslösung eine „Ruheperiode" im Herbst und Winter einzuschalten (z. B. BARTLETT & BARTLETT 1997; COBORN undatiert; DE VOSJOLI 1992; LLADO HÄDINGER 1996; KAMMERER 1999). Dazu werden die Temperaturen um wenige Grade reduziert (etwa auf 25 °C tagsüber), die tägliche Beleuchtungslänge (auf 10 Stunden) und die Fütterungsfrequenz geringfügig gesenkt. Zur weiteren Stimulation trennt LLADO HÄDINGER (1996) nach dieser „Ruheperiode" die Geschlechter für 1–2 Wochen. Notwendig sind beide Maßnahmen nach meiner Erfahrung nicht, aber wenn Ihre Wasseragamen trotz ansonsten optimal erscheinender Bedingungen sich partout nicht fortpflanzen wollen, sind sie zweifellos einen Versuch wert.

Das Balzverhalten läuft nicht nach einem einheitlichen Schema ab. In der Regel wirbt das Männchen erst durch das typische Kopfnicken, dazwischen

Das Männchen setzt zur Paarung an, und schließlich kommt es zur Kopulation. Fotos: H. Werning

kann es zum „Armrudern" kommen. Häufig läuft es auch hochbeinig und mit aufgestellter Kehle um das Weibchen herum. Bei der Balz zeigt es manchmal eine besonders intensive Grünfärbung. Das Weibchen reagiert auf diese Bemühungen sehr unterschiedlich. Im günstigsten Fall signalisiert es durch Anheben der Schwanzwurzel seine Paarungsbereitschaft, oder es bleibt ganz einfach reglos sitzen. In diesen Fällen nähert sich dann das Männchen unter

Verletzung eines Weibchens durch Paarungsbisse
Foto: H. Werning

heftigem Kopfnicken sehr schnell und leitet die Paarung ein. Normalerweise tritt das Weibchen aber zunächst die Flucht an. Das Männchen nimmt dann die Verfolgung auf und versucht, sich im Nacken des Weibchens festzubeißen. In vielen Fällen kommt es zur Paarung, wenn das Männchen das Weibchen eingeholt hat. Gelegentlich habe ich aber auch beobachten können, dass das Männchen, nachdem es sich bereits im Nacken des Weibchens festgebissen hatte, plötzlich wieder losließ und sich nickend davonmachte. Ob das Verhalten des Weibchens oder eine Laune des Männchens dafür verantwortlich war, bleibt unklar. Signale zwischen den Partnern sind kaum auszumachen. Die Paarung wirkt auf menschliche Betrachter ohnehin etwas ruppig, und tatsächlich kann es in ihrem Verlauf durchaus zu Verletzungen des Weibchens kommen. Bissverletzungen im Nackenbereich sind keine Seltenheit und können manchmal durchaus schlimm aussehen. Sie sollten mit einer Heilsalbe behandelt werden. Evtl. muss das Weibchen bis zur Ausheilung separiert werden.

Kommt es zur Paarung, schiebt sich das Männchen sehr schnell von hinten über das Weibchen und beißt sich in dessen Nacken fest. Gleichzeitig wird ein Bein über die Schwanzwurzel des Weibchens gelegt; dabei dreht das Männchen seine Kloake unter die des Weibchens, es kommt zur Kopulation, bei der einer der Hemipenes eingeführt wird. Die Paarung selbst dauert ca. 1–4 Minuten (DEDEKIND &

PETZOLD 1982; WERNING 1995). LLADO HÄDINGER (1998) berichtet von zehn- bis zwanzigminütigen Kopulationen, COBORN (undatiert) gar von 30 Minuten; möglicherweise ist hier eher der gesamte Akt inklusive Vorspiel gemeint? Nach der Paarung lässt das Männchen sofort los, stülpt seinen Hemipenis wieder ein, und nach einigem Nicken ist dann alles vorbei.

Tragzeit

Zur Dauer der Tragzeit lassen sich keine zuverlässigen Angaben machen, da es einerseits über das ganze Jahr verstreut zu Paarungen kommt, andererseits durchaus nicht jede Paarung unbedingt zu einer Trächtigkeit führt. Zudem sind die Weibchen in der Lage, Sperma zu speichern, sodass es erst zu einem viel späteren Zeitpunkt zur Befruchtung kommen kann. DE BITTER & DE BITTER (1986) berichten, dass zwei von ihnen allein gepflegte Wasseragamenweibchen zwei Jahre nach dem letzten Kontakt zu einem Männchen plötzlich (gleichzeitig) befruchtete Gelege produzierten. KAMMERER (1999) schreibt von einem Weibchen, das 1,5 Jahre nach dem letzten Kontakt mit einem Männchen noch ein Gelege absetzte, das mindestens ein befruchtetes Ei enthielt. Ähnliche Beobachtungen machten auch verschiedene andere Halter, wobei die „Ausbeute" (Zahl der Eier, geschlüpfte Jungtiere) offenbar schlechter wird, je länger die letzte Paarung zurückliegt. Interessant ist die Beobachtung der DE BITTERS, dass die beiden Weibchen 49 bzw. 52 Tage, bevor sie ihre Eier legten, eine „Scheinpaarung" vollführten, die nach dem gleichen Schema wie eine „echte" Paarung ablief. Solche „Scheinpaarungen" sind sonst eher von parthenogenetischen Echsen bekannt, also solchen, die sich durch Jungfernzeugung (ohne vorherige Paarung) vermehren.

Eiablage

In der Natur vergraben die Weibchen ihre Eier wohl besonders gerne an sandigen Stellen im Bereich von Flussufern, vermutlich weil diese besonders sonnenexponiert sind. Während der Trockenzeit fanden MANTHEY & MANTHEY (1999) im sandigen Bereich eines Flussufers zwei Wasseragamengelege sowie Spuren von etwa 15 weiteren Gelegen, die offenbar

Nach der Eiablage wird die Nistgrube wieder sorgfältig verschlossen. Foto: H. Liesack

Schlupf Foto: H. Werning

von Einheimischen geplündert und vermutlich zuvor alle im selben Zeitraum absetzt worden waren. Die Nistgruben hatten einen Durchmesser von etwa 10 cm bei einer Tiefe von 12 cm.

Unter Terrarienbedingungen wurden Nistgruben von 10–25 cm Tiefe und etwa 15 cm Breite notiert (DEDEKIND & PETZOLD 1982; HESSELING 1988; SCHLIEMANN 1968; WERNING 1993, 1999b).

SCHLIEMANN beschreibt den Vorgang sehr anschaulich: „Das Tier gräbt mit den Beinen der einen Seite, wendet dann um 180 Grad und gräbt an der neuen Stelle weiter. Das geschieht drei- bis sechsmal nach rechts, dann nach links herum. Wird die Grube tiefer, stützt sich die Agame mit der Stirn am Trichterrand ab, um dann gleichzeitig mit den beiden rechten bzw. beiden linken Beinen zu scharren."

Offene Eigrube mit eingefallenen Eiern am Ufer des Nam Leuk Foto: U. Manthey

Anschließend dreht das Weibchen sich um, schaut mit dem Kopf aus der Grube heraus, hebt die Schwanzwurzel an und beginnt mit der Eiablage. Bei SCHLIEMANNS Tieren dauerte diese ca. 30 Minuten, es wurden 11 Eier gelegt. Der Vorgang kann aber auch längere Zeit in Anspruch nehmen. Dabei darf das Weibchen keinesfalls gestört werden, da es sonst womöglich Eier zurückhält, die dann unter Umständen auch später nicht gelegt werden und damit zu einer Legenot führen können. Nach der Eiablage scharrt das Weibchen die Grube gewissenhaft wieder zu. Oft geht es so gründlich vor, dass später an der Stelle nichts auf die Aktivitäten hindeutet. Manchmal scharrt die Mutter im Eifer aber auch noch viel mehr Substrat über den Nistplatz, sodass ein kleiner Hügel entsteht, was das Auffinden des Geleges natürlich sehr vereinfacht.

Über die Gelegegröße liegen zahlreiche Beobachtungen vor. Sie umfasst meistens 7–12 Eier. KAMMERER (1999) berichtet von Gelegen mit bis zu 23 Eiern. Das kleinste Gelege eines jungen Nachzuchtweibchens bei mir umfasste vier Eier. Bei sehr alten Tieren nimmt die Gelegegröße wieder ab. Mein ältestes Tier legt bis heute (18 Jahre) regelmäßig ein- bis zweimal im Jahr, ein Gelege umfasst aber seit dem Alter von etwa 14 Jahren nur noch 5–7 Eier.

Die Größe der Eier bei der Ablage variiert. Die kleinsten sind etwa 20 mm x 10 mm groß und wiegen ca. 2,5 g, die größten messen bei einem Gewicht von etwa 3,4 g ca. 28 mm x 16 mm. Bis kurz vor dem Schlupf wachsen sie auf eine Größe von etwa 30 mm x 22 mm bis 40 mm x 30 mm und eine Masse von 3–4 g an.

Zeitigung und Schlupf

Gelegentlich reagiert das Weibchen aggressiv, wenn man sich direkt nach der Eiablage an dem Nest zu schaffen macht. Dann empfiehlt es sich, noch einige Stunden zu warten. Die Zeitigungsdauer liegt zwischen 60 und 99 Tagen. Ein linearer Zusammenhang zwischen der Bruttemperatur und der Inkubationszeit ist nicht zu erkennen, wenn auch die Faustregel „Je höher die Inkubationstemperatur, desto kürzer die Brutzeit" auch bei der Grünen Wasseragame gültig ist. Ebenso scheint es nach meinen Erfahrungen keinen Zusammenhang zwischen der Inkubationstemperatur und dem Geschlecht der Schlüpflinge zu geben (s. Kap. 2.11 und 3.2.14). Die längste in der Literatur zu findende Bruttemperatur von 96–99 Tagen ist zwar auch an die niedrigste Inkuba-

tionstemperatur (24–26 °C) gekoppelt (DEDEKIND & PETZOLD 1982), aber während JAUCH & ULLRICH (1979) 70 Tage bei 27–29 °C angeben, benötigte ein Gelege im Zoo von Chester (ANONYMUS 1975a, b) nur 61–62 Tage bei 27–29 °C. Im KÖLNER AQUARIUM AM ZOO (1988) schlüpften kleine Wasseragamen bereits nach 60 Tagen (leider fehlt hier die Temperaturangabe); ebenso lang benötigten die Eier bei KAMMERER (1999) bei tagsüber 28 und nachts 26 °C. Ich bebrüte die Eier der Grünen Wasseragame bei einer konstanten Temperatur von 29–30 °C, die Jungtiere schlüpfen dann meistens nach 65–70 Tagen bei einer guten Schlupfrate von 80–100 %. Schlechte Schlupfraten ergeben sich bei zu niedrigen und zu hohen Temperaturen ebenso wie bei größeren Schwankungen. Liegen die Werte längere Zeit oder konstant außerhalb des Toleranzrahmens von ca. 24–32 °C, dürfte der Erfolg ganz vereitelt werden.

Verläuft während der Brutzeit alles ordnungsgemäß, werden die Eier sichtbar größer. Vor dem Schlupf messen sie dann etwa 30–34 x 17–21 mm und wiegen 5,5–7,5 g.

DEDEKIND & PETZOLD (1982) überlegen, ob die Grüne Wasseragame ein über die Verteidigung des Nistplatzes in den ersten Stunden hinausgehendes Brutpflegeverhalten zeigt: „Etwa drei Wochen vor dem Schlupf konnte (…) beobachtet werden, dass das Weibchen sich fast ständig in unmittelbarer Nähe des Geleges aufhielt. Des öfteren ging es ins Wasser und ‘thronte' anschließend auf dem mit Gaze abgedeckten Brutkorb. Dabei tropfte das mitgeschleppte Wasser in den Korb – durchaus den Anschein erweckend, als ob das Weibchen die Eier bewachen und gleichzeitig befeuchten wolle." Die Autoren regen an, diese „unter allen Vorbehalten geäußerte" und nach einer Einzelbeobachtung formulierte Vermutung kritisch zu überprüfen. So faszinierend die Interpretation zweifellos wäre – leider findet sich weder in der Literatur ein weiterer Hinweis auf ein solches Brutpflegeverhalten, noch konnte ich ein einziges Mal ein in diese Richtung gehendes Verhalten beobachten.

Beim Schlupf sind die Jungtiere 13,0–16,5 cm lang, wovon 8,5–11 cm, also mehr als zwei Drittel, auf den Schwanz entfallen. Zu diesem Zeitpunkt wiegen die Kleinen 2,5–3,5 g. LANGE (1997) berichtet von einem

Einige Wochen altes Jungtier Foto: A. Inderwiedenstraße

Geschafft – das Wasseragamenbaby ist ganz aus dem Ei.
Foto: H. Liesack

Dieser Schlüpfling hat sich gerade erst aus dem Erdreich ans Tageslicht gegraben. Foto: T. Ziegler

Zwillingsschlupf aus einem Ei; beide Jungtiere waren gesund, voll entwickelt und etwa so groß wie ihre Geschwister.

Jungtiere

Die kleinen Grünen Wasseragamen unterscheiden sich nicht nur in der Größe von ihren Eltern. Besonders auffällig ist der im Vergleich zum sonstigen Körper sehr große Kopf. Die Kämme fehlen noch völlig, sie sind allerdings in der Anlage schon in Form der leicht vergrößerten Kammschuppen zu erkennen. Auch die Hautfalte des Nackens ist bereits vorhanden. In der Färbung zeigen sich ebenfalls Differenzen. Die Jungtiere sind dunkler gefärbt als die Adulti. Die Grundfarbe ist „bräunlich mit einem leichten grünen Schimmer" (DEDEKIND & PETZOLD 1982) bis kräftig dunkelgrün. Die Längsstreifen sind sehr hell, scharf abgegrenzt und verhältnismäßig

Jungtier
Foto: H. Werning

groß. Der Schwanz ist noch dunkler gefärbt und mit hellbraunen Binden kontrastreich gezeichnet.

Im Alter von 1–2 Monaten häuten die Jungtiere sich erstmals. In den ersten sechs Monaten wachsen die Männchen erheblich schneller. Auch wird ihr Kopf in dieser Zeit schon sichtbar massiger, zugleich sind die Backen bereits „angeschwollener", die Schwanzwurzel ist breiter. Bei guter Fütterung sind sie in diesem Alter ca. 35–40 cm lang, während die Weibchen noch nicht die 30-cm-Marke erreichen. Noch deutlicher ist der rasche Massenzuwachs der jungen Männchen, die mit ca. 40–65 g zwei- bis dreimal so schwer sind wie die etwa 20 g wiegenden Weibchen. Ab dieser Zeit kommt es zu den ersten Konflikten zwischen den Männchen.

Im weiteren Verlauf des Wachstums färben die Tiere sich langsam geschlechtsspezifisch um. Jetzt zeigen sich auch deutliche Unterschiede bei der Größe der Kämme und der Femoralporen. Nach etwa einem Jahr messen die Nachkömmlinge 50–60 cm und erreichen damit fast die Länge der Erwachsenen. Allerdings sind sie noch längst nicht so massig. Selbst ein schnell gewachsenes Männchen bringt zu diesem Zeitpunkt erst ca. 150–160 g auf die Waage und ist damit noch nicht einmal halb so schwer wie die Eltern.

3.2 Australische Wasseragame (*Physignathus lesueurii*)

1831	*Lophura lesueurii* GRAY: 60. – Terra typica: „Parametta", New South Wales
1790	*Lacerta muricata var.* WHITE: 255, pl. 40
1837	*Istiurus lesueurii* DUMERIL & BIBRON
1843	*Iguana paramatensis* FITZINGER: 49 (nomen nudum).
1857	*Amphibolurus maculiferus* GIRARD: 199.
1866	*Amphibolurus heterurus* PETERS: 86. – Terra typica: New South Wales (Clearence River)
1884	*Amphibolurus branchialis* DE VIS: 55. Terra typica: Brisbane, Queensland
1914	*Gonyocephalus spinipes* BARBOUR: 203.

Engl.: Australian Water Dragon, Eastern Water Dragon, Brown Water Dragon

Unterarten

1884	*Physignathus lesueurii howitii* MCCOY: 7–10. – Terra typica: Upper Reaches of the Buchan River, Victoria
1989	*Physignathus howitti* HOSER: 62.

Imposante Erscheinung: Adultes Männchen der Australischen Wasseragame Foto: B. Langerwerf

3.2.1 Name und Systematik

Das Hauptproblem mit dem wissenschaftlichen Namen dieser Agame liegt in der Aussprache. Das Tier ist zu Ehren des Franzosen Lesueur benannt, muss also etwa „le-sö-ri-i" geheißen werden.

Physignathus lesueurii wird nach der derzeitigen Auffassung in zwei Unterarten aufgeteilt. Die Nominatform *P. l. lesueurii* bewohnt den nördlichen Teil des Verbreitungsgebietes. Die in Australien auch „Gippsland Water Dragon" genannte Unterart *P. l. howittii* schließt sich nach Süden an.

Umgangssprachlich wird die Art aufgrund ihrer Größe in Victoria auch „crocodile" bzw. „alligator", manchmal „salamander" oder in der Verkleinerungsform „sally" genannt (GREER 1990).

3.2.2 Körperbau und Beschuppung

Das gesamte Erscheinungsbild Australischer Wasserdrachen wirkt elegant, imposant und unnahbar zugleich. Die Babys dagegen machen mit ihrer hübschen Streifenzeichnung und dem großen Kopf einen bezaubernden Eindruck.

Australische Wasseragamen werden durchschnittlich noch etwas größer und kräftiger als ihre grünen Verwandten. Sie erreichen eine Gesamtlänge von 70–100 cm, als Maximallänge wird von einem 120 cm langen Exemplar berichtet, das 1970 in Bundaberg (Queensland) gefangen worden sein soll. Die Schwanzlänge übersteigt die KRL etwa um das Zweieinhalbfache. Adulte Tiere wiegen mit einer Länge von 60–80 cm etwa 450–670 g – eine wahrhaftig beeindruckende Erscheinung. THOMPSON (1993) fing ein Männchen, das sogar über 1000 g wog. Die „durchschnittliche" Australische Wasseragame wird aber nur etwa 60 cm lang.

Der dreieckige Kopf ist etwas länglicher als bei der Grünen Wasseragame, Körper und Schwanz sind jedoch ebenso seitlich abgeflacht. Auf dem Nacken befindet sich ein recht großer Kamm aus dornigen, dicht nebeneinander stehenden Dreiecksschuppen, die schräg nach hinten gebogen sind. Dieser Nackenkamm geht nahtlos in den weniger hohen, wie eine Säge wirkenden Rückenkamm über, der sich auf dem Schwanz fortsetzt und nur an der Schwanzbasis ein wenig unterbrochen wird. Nach hinten wird der Schwanzkamm immer niedriger und teilt sich

Männchen von _P. l. howitii_ – die Tiere sind dunkler als die Nominatform.
Foto: H.-G. Horn

3.2.3 Färbung

Australische Wasseragamen sind sehr vielseitig und ansprechend gezeichnet. Die Grundfarbe liegt zwischen Braun, Beige und Grau und ähnelt typischen Untergründen wie Baumstämmen oder dem Boden. Der Kamm und angrenzende Rückenpartien sind dunkelbraun bis schwarz, zum Bauch hin hellt die Färbung stark auf. Nirgendwo ist sie jedoch einheitlich, überall finden sich auch eingestreute dunklere Schuppen. Diese können dunkle Querstreifen bilden. Die aus den vergrößerten Schuppen gebildeten Querreihen der Seiten stehen dazu mit ihrer hellbeigen, weißen oder gelblichen Färbung in deutlichem Kontrast und setzen sich als helle Querstreifen bis in den Rückenkamm fort.

Der Schwanz zeigt sich braun mit helleren, unregelmäßigen und schmalen Binden. Auch die Oberseite von Beinen und Füßen ist braun und wird aufgelockert durch vereinzelte helle Schuppen, die sich zu Bändern verbinden können.

Die Kopfoberseite ist einheitlich beige gefärbt. Bei den meisten Tieren findet sich ein oft scharf abgegrenztes, breites, dunkles Band, das unterhalb des hinteren Augenwinkels beginnt und sich über das Trommelfell hinwegzieht, um schließlich in einen großen Schulterfleck zu münden. Gelegentlich ist dieses Band auf einen schwarzen Fleck um

Adultes Männchen von _P. l. lesueurii_
Foto: H. Bosch

schließlich in eine Doppelreihe leicht vergrößerter Schuppen.

Kopfschuppen auf der Oberseite klein und stark gekielt, Occipitalia und Temporalia größer und tuberkelartig. Subocularia bilden, anders als bei _P. cocincinus_, keinen „Rand". „Augenbrauen" aus leicht abstehenden und vergrößerten Schuppen. Kehle mit relativ glatten, kleinen Schuppen. Zu den Kopfseiten hin größere, in ungleichmäßigen Längsreihen angeordnete, annähernd ovale Tuberkelschuppen, die hintersten ragen kegelförmig hervor. Eine gut ausgeprägte Reihe vergrößerter Schuppen am unteren „Seitenrand" des Schädels berührt kurz vor der Schnauzenspitze die Labialia. Rücken und Flanken ungleichmäßig beschuppt: Hauptsächlich sehr kleine, gekielte Schuppen, dazwischen vergrößerte, konische Schuppen, die an Seiten, Vorderteil des Schwanzes und Hinterbeinen unregelmäßige Querreihen bilden. Bauch und Schwanzunterseite mit sich dachziegelartig überlappenden, größeren Schuppen mit mehr oder weniger ausgeprägten Kielen. Je eine Reihe aus 12–23 vergrößerten Femoralporen, fast bis zu den Kniekehlen.

Nach Bustard (1970) sind die Schuppen von _P. l. howitii_ weniger stachelig als die der Nominatform.

das Trommelfell reduziert. Weiter nach unten hin hellt die Färbung der Kopfseiten kräftig auf.

Die Unterseite der Tiere ist beige oder bräunlich, gelblich oder orange; sie zeigt zudem schwarze Flecken und Sprenkel, die besonders zahlreich an Kehle und Brust zu sehen sind. Im Großraum Sydney zeigen beide Geschlechter vom Frühjahr an eine intensive Rotfärbung des Bauchs (HARDY & HARDY 1977). Besonders zur Paarungszeit und stärker ausgeprägt bei den Männchen tauchen auch sehr bunte Zeichnungselemente auf: Ein kräftiges Zitronengelb findet sich bei Tieren aus einigen Distrikten von Queensland (um Roma) an Bauch und Brust (WORRELL 1963). Andere Populationen zeigen eine grünliche Färbung an Brust, Kehle und Kopf. Des Weiteren ist die Kehle bei Tieren aus dem nördlicheren Teil des Verbreitungsgebietes der Nominatform nach WORRELL mit gelben Streifen gezeichnet, während sie bei solchen aus dem Süden oft ganz ohne Muster ist.

Die Variabilität in Zeichnung und Färbung innerhalb der Art ist also groß, einige Unterschiede existieren auch zwischen den beiden Unterarten: *P. l. howitii* ist insgesamt dunkler gefärbt; einige Populationen zeigen – mehr oder weniger ausgeprägt, bedingt durch Geschlecht und Jahreszeit – blaue, aber auch orange, rote, grüne oder gelbe Flecken und Streifen an der Kehle. Außerdem ist der dunkle Seitenstreifen am Kopf häufig undeutlicher ausgeprägt oder fehlt ganz.

Weibchen von *P. l. howitii* Foto: H.-G. Horn

Pärchen der Australischen Wasseragame
Foto: B. Langerwerf

3.2.4 Geschlechtsunterschiede

Auch Australische Wasseragamen zeigen als voll erwachsene Tiere insgesamt gut sichtbare Unterschiede zwischen den Geschlechtern. Die generellen Merkmale im Körperbau sind wie bei den Grünen Wasseragamen, die adulten Männchen sind also an dem größeren Nackenkamm, dem deutlich breiteren Kopf und der ebenfalls breiteren Schwanzwurzel zu erkennen. Sie werden insgesamt deutlich größer und massiger, zudem sind ihre Femoralporen sichtbar größer.

Hinzu kommt, dass der Bauch, der untere Flankenbereich und die Unterseite der Beine rot gefärbt sind. Mit zunehmendem Alter wird diese Farbenpracht immer intensiver; einige alte Männchen strahlen in kräftig blutroten Tönen. Bei Weibchen dagegen ist diese Unterseitenfärbung oft weißlich, schmutzig grau oder rosafarben – allerdings sei darauf hingewiesen, dass bei einigen Populationen auch die Mehrheit der Weibchen intensiv rote Bauchseiten aufweisen (HARDY & HARDY 1977, THOMPSON 1993)! LANGERWERF (1999) berichtet, dass die Rotfärbung sich bei seinen Tieren, bei denen fast nur die Männchen rote Bauchseiten zeigen, ab einer Gesamtlänge von etwa 30 cm entwickelt. Da nahezu alle auf dem Markt erhältlichen Australischen Wasseragamen von Langerwerfs Farm stammen dürften, ist die Rotfärbung des Bauches als Indiz auf das Geschlecht hilfreich, ein sicheres Unterscheidungsmerkmal allein ist sie aber dennoch nicht.

Vor allem während der Paarungszeit können die Männchen eine intensiv rote Färbung an der Unterseite entwickeln. Foto: H.-G. Horn

LANGERWERF (1999) weist darauf hin, dass die Kopfzeichnung bei Männchen kontrastreicher ist; das Lateralband ist dunkler, die hellen Bereiche sind weißer als bei den Weibchen. Allerdings habe ich dieses Merkmal bei vielen Tieren als nicht besonders prägnant empfunden.

Die Männchen sind während der Paarungszeit oft farbenprächtiger an Kehle und Brust gezeichnet. Nach FRAUCA (1972) verschwinden die bunten Zeichnungselemente während des Winters ganz.

3.2.5 Verbreitung

Aufgrund zahlreicher Beobachtungen kennen wir das Verbreitungsgebiet von *P. lesueurii* auf dem Australischen Kontinent sehr genau. Dort bewohnt die Art einen relativ schmalen Streifen nahezu entlang der gesamten Ostküste. Lediglich die tropischen Bereiche der nördlichen Cape-York-Halbinsel meidet sie, auch die anderen Zonen tropischen Regenwaldes in Queensland und im Northern Territory erreicht sie nur am Rand. Der begrenzende Faktor ist neben geographischen Barrieren daher wohl auch in einer ausreichend kalten Winterperiode zu sehen, die im tropischen Norden Australiens fehlt (LANGERWERF 1999).

P. l. howittii wird vom Nordosten Victorias bis in den Südosten von New South Wales gefunden. Nach Norden hin schließt sich das Verbreitungsgebiet der Nominatform *P. l. lesueurii* an, das sich bis in den Süden der Halbinsel Cape York erstreckt.

Im Flusssystem des australischen Shoalhaven River (z. B. Kangaroo Valley) kommt es zu Überschneidungen zwischen den beiden Unterarten (AHS 1976).

Lange Zeit rätselhaft war das angebliche Vorkommen der Australischen Wasseragame auf Papua-Neuguinea, das bis in die jüngste Zeit von allen Autoren akzeptiert wurde (z. B. COGGER 2000; WERNING 1995). Zurück geht diese Angabe auf DE ROOIJ (1915), die von einem Exemplar von *P. lesueurii* aus Neuguinea berichtet, das in der Sammlung des Naturhistorischen Museums in Leiden (Niederlande) aufbewahrt wird. Entgegen zuvor formulierten Zweifeln (LANGERWERF 1999) handelt es sich bei diesem Exemplar tatsächlich um *P. lesueurii* (WATKINS-COLWELL & JOHNSTON 1999). Das Tier soll in den Arfak Mountains gesammelt worden sein, die im heutigen indonesischen Bundesstaat Irian Jaya im Nordosten Neuguineas liegen. Es blieb jedoch bei diesem einzigen Exemplar, kein weiteres Tier wurde in ganz Neuguinea je wieder gefunden. Zwar existierten in verschiedenen Museen weitere als *P. lesueurii* bestimmte Echsen aus Neuguinea, jedoch erwiesen diese sich bei Nachprüfungen als fehlbestimmte Agamen der Gattung *Hypsilurus* oder Segelechsen (WATKINS-COLWELL & JOHNSTON 1999). Hinzu kommt, dass DE ROOIJs Tier 1871 von

Verbreitungsgebiet von *Physignathus lesueurii lesueurii* (rot) und *Physignathus lesueurii howitii* (blau)

Habitat im National Botanic Garden in Canberra mit mehreren Wasseragamen Foto: M. Gaulke

einem Händler erworben wurde – der Fundort ist also mehr als zweifelhaft. Da es extrem unwahrscheinlich ist, dass eine so auffällige, große und ansonsten sehr häufige Echse wie *P. lesueurii* auf Neuguinea nur ein sehr kleines Verbreitungsgebiet bewohnt, das bislang noch nicht entdeckt wurde, oder so selten ist, das keine Tiere mehr gefunden wurden, kann mit ziemlicher Sicherheit davon ausgegangen werden, das die Art nicht auf Neuguinea vorkommt. Auch die seltsame biogeographische Verbreitung, die das bisher angenommene unzusammenhängende Verbreitungsgebiet bedeutet hätte und die in der Vergangenheit bereits diskutiert wurde (COVACEVICH et al. 1990; HARRISON 1928), spricht dagegen, dass die Australische Wasseragame auch auf Neuguinea vorkommt.

Dieser Befund ist durchaus auch von praktischer Bedeutung, denn in der Vergangenheit sind angeblich aus Neuguinea stammende Australische Wasseragamen aufgetaucht (LANGERWERF 1999; WATKINS-COLWELL & JOHNSTON 1999). Mit großer Wahrscheinlichkeit dürfte es sich dabei um aus Australien geschmuggelte Tiere gehandelt haben, die über Indonesien in die Vereinigten Staaten exportiert worden sind.

3.2.6 Lebensraum

Auch die Australische Wasseragame ist eng an das Vorkommen von permanentem Wasser gebunden. Sie bevorzugt einen ähnlichen Lebensraum wie ihre südostasiatische Verwandte, also bewaldete Gewässerufer, ist in ihrer Habitatwahl aber flexibler, kommt also auch ohne Bäume aus. MAREN GAULKE (schriftl. Mittlg.) beobachtete die Tiere an verschiedenen Orten fast ausschließlich auf Steinen an oder in Gewässern, fast nie in Bäumen. Bei der Wahl ihres „Wohngewässers" ist *P. lesueurii* nicht pingelig: Vom Fluss bis zum Tümpel wird alles angenommen. Bemerkenswert ist, dass sie sogar Mangrovensümpfe und Brackwasserregionen nutzt. Selbst in Felsengebieten direkt an der Küste gibt es Populationen (MACKAY 1959). Auf der Nahrungssuche dringt diese Agame sogar bis in die Gezeitenzone an der Felsenküste vor.

Die Australische Wasseragame kommt noch sehr häufig vor, obwohl ihr Lebensraum teilweise zu den besonders dicht besiedelten australischen Regionen zählt (Großräume Sydney und Brisbane). Allerdings hat sie sich als Kulturfolger etabliert. Sie dringt bis in die Parks und Gärten vor, sodass ihr Bestand auch langfristig als gesichert gelten kann. HARDY &

Hinweisschild im Wasseragamen-Biotop Foto: M. Gaulke

HARDY (1977) sowie MURPHY (1996) berichten von Populationen inmitten eines kleinen Reservates in einem dicht besiedelten Vorort von Syndney, und Mitglieder der Australischen Herpetologischen Gesellschaft sahen diese Agamen auch noch in stark verdreckten Flüssen zwischen dem dort treibenden Abfall herumspringen (AHS 1976). MAREN GAULKE (schriftl. Mittlg.) beobachtete eine Population im Botanischen Garten von Canberra, wo die Tiere offenbar aus freien Stücken lebten, da sie nicht in den angrenzenden Nationalpark übersiedelten.

3.2.7 Klima

Das Verbreitungsgebiet liegt größtenteils in den Subtropen und zeigt, besonders im Süden, ein deutliches Jahreszeitenklima. Der Südostpassat führt im Januar zu ergiebigen Regenfällen an den Osthängen der Ostaustralischen Kordillere, im Jahresmittel fallen hier 1000–1300 mm Niederschlag. Im Norden regnet es noch mehr. Der meiste Niederschlag fällt hier im (Süd-)Sommer, im Jahresmittel 1800–2200 mm. Im Winterhalbjahr bleibt es relativ trocken. Die relative Luftfeuchte liegt bei 55–80 %. In den Monaten Juli und August legen die Australischen Wasseragamen im südlicheren Teil ihres Verbreitungsgebietes eine Winterruhe ein, die sogar mit einer leichten Winterstarre verbunden sein kann: In Sydney beträgt die mittlere Temperatur im Juli nur 13,5 °C, und auch der wärmste Monat Januar ist mit durchschnittlichen 21,5 °C sehr gemäßigt. In Teilen des Verbreitungsgebiets sinken die Tiefstwerte im Winter unter die Frostgrenze.

3.2.8 Lebensweise

Wie auch *P. cocincinus* hält sich die Australische Wasseragame gerne auf Ästen auf, die über Gewässer ragen, oder sie lebt in Gewässernähe. In „ungestörter" Natur sind diese aufmerksamen und scheuen Agamen für Menschen eher zu hören als zu sehen (FRAUCA 1972; GRIESSEL 1990). Allerdings gewöhnen die Tiere sich schnell an die Anwesenheit des Menschen und legen dann jede Furcht ab. Es wird, wie schon angedeutet, von Populationen in Parks, Gärten und sogar Hotelanlagen berichtet, im letzteren Fall nutzten die Agamen den Pool als Wasserstelle (COBORN undatiert; HARDY & HARDY 1977; MAREN GAULKE, schriftl. Mittlg.). PETERS (1986) berichtet von Tieren einer frei lebenden Population im Taronga Zoo in Sydney, die sich an Tausende von Besuchern gewöhnt haben. Wird unter „normalen"

Klimadaten aus den Verbreitungsgebieten von
Physignathus lesueurii lesueurii und P. l. howitii

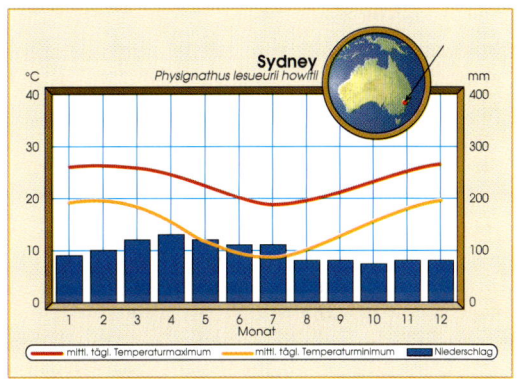

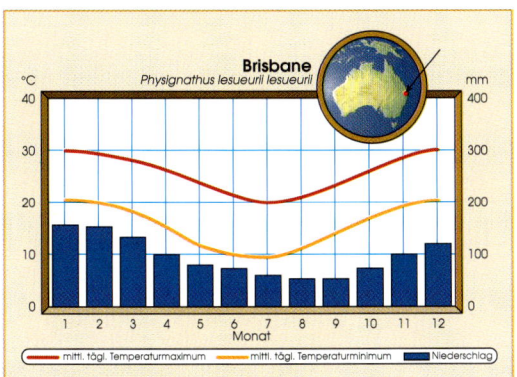

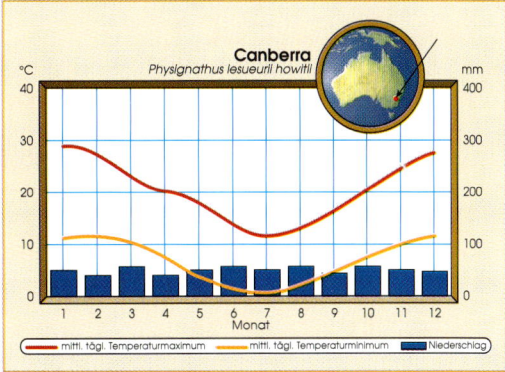

Männchen von *P. l. lesueurii* im Biotop Foto: U. Schuster

50–90 % dieser Art der „Ausatmung" bedienen. Die Wasseragamen nehmen also einen tiefen Atemzug und verbrauchen langsam den Sauerstoff (er kann nicht über die Haut aufgenommen werden). Durch die CO_2-Abgabe über die Haut verhindern sie eine Anreicherung dieses Gases im Blut, müssen deshalb nicht so schnell ausatmen und können somit länger unter Wasser bleiben. Dabei hilft ihnen auch der bei niedrigen Temperaturen verminderte Stoffwechsel. Springen die Tiere mit einer Körpertemperatur von etwa 30 °C ins Wasser, haben sie sich schon zehn Minuten später auf die Wassertemperatur von 20 °C abgekühlt und damit ihre Lebensfunktionen stark verlangsamt. Mit der Körpertemperatur nimmt nämlich der Sauerstoffverbrauch logarithmisch (!) ab. Ein weiterer „Trick" der Wasseragame ist, dass ihr Blut bei niedrigeren Temperaturen eine größere Aufnahmekapazität für CO_2 hat. Zur Unterstützung all dieser Spareffekte verharren die Echsen reglos unter Wasser, um keinen Sauerstoff zu verschwenden. Oft tauchen die Agamen aber nicht ab, sondern schwimmen davon, indem sie die Gliedmaßen anlegen, den Kopf über Wasser halten und mit dem Schwanz kräftige seitliche Schwimmbewegungen ausführen. Dabei können sie beachtliche Geschwindigkeiten erreichen. FRAUCA (1972) berichtet, dass sie „einen neun Meter breiten Wasserlauf in ein paar Sekunden zu durchmessen" in der Lage seien. Zuflucht suchen sie dann unter überstehenden Wurzeln, Böschungsvorsprüngen oder Baumstämmen, wo sie darauf warten, dass die Luft wieder rein wird. Anschließend kommen sie an Land und wärmen sich nach Möglichkeit zunächst wieder auf, denn die bevorzugte Körpertemperatur (nicht zu verwechseln mit der Vorzugstemperatur, s. Glossar) von *P. lesueurii* liegt nach WILSON (1974) und COURTICE (1981b) zwischen 30 und 32 °C, also deutlich unter den Werten für andere australische

Freilandbedingungen aber eine Distanz von etwa 6 m unterschritten, stürzen die Wasseragamen davon. Sitzen sie auf einem Ast über dem Wasser, so rennen sie bis zu dessen Ende und springen hinein. Dabei sollen sie Höhen von bis zu 9 m nicht scheuen, obwohl sie nicht etwa mit einem Kopfsprung eintauchen, sondern einfach auf die Wasseroberfläche platschen. Anschließend tauchen sie oft ab und können bis 120 Minuten unter Wasser bleiben (COURTICE 1981a).

COURTICE (1981a–c) untersuchte in seinen Arbeiten die biologische Voraussetzungen für derartig lange Tauchzeiten. Ein besonders interessantes Ergebnis dabei ist, dass die Australische Wasseragame bis zu 15 % des beim Gasaustausch anfallenden CO_2 über die Haut nach außen abzugeben vermag. Landechsen wie der Wüsten bewohnende Chuckwalla (*Sauromalus obesus*) können sich nur zu etwa 4 %, die komplett aquatischen Seeschlangen dagegen zu

Agamen. Im Gegensatz zu den meisten anderen australischen Agamen verbirgt *P. lesueurii* sich auch nicht während warmer Regenfälle, sondern bleibt unbeeindruckt im Freien (AHS 1976; SMITH 1979).

Werden die Tiere am Boden gestört, flüchten sie nach Möglichkeit in das dichte Unterholz. Auf der freien Fläche richten sie zum Sprint den Oberkörper schräg nach oben und rennen nur auf den Hinterbeinen mit hoher Geschwindigkeit davon. Dieses so genannte bipedale Laufen wurde bei verschiedenen Agamen- und auch Leguanarten beobachtet, darunter allen in diesem Buch besprochenen Agamen. Ein bekanntes Beispiel hierfür sind auch die Basilisken Mittel- und Südamerikas. In einer Versuchsanlage maß HAMLEY (1990a, b) an Australischen Wasseragamen Geschwindigkeiten von bis zu 3,3 m/s, also 11,88 km/h; dies ist aber wohl noch nicht die maximale Geschwindigkeit, denn am Ende der Rennbahn (eine Längenangabe fehlt leider) beschleunigten die Tiere noch immer. Für Basilisken wurden 10–12 km/h ermittelt (BELLAIRS 1969; RAND & MARX 1967). Die Geschwindigkeit scheint nicht von der Größe der Agamen abzuhängen, jedenfalls lässt sich aus den Daten von HAMLEY – gemessen wurde bei 13 Tieren mit einer KRL von 4,7–24,7 cm – kein solcher Zusammenhang ableiten. Auch Tiere, die etwa 40 % ihres Schwanzes verloren hatten, rannten nicht langsamer. Lediglich eine Agame, die nur noch über 20 % ihres Schwanzes verfügte, konnte nicht mehr bipedal laufen. Diese Ergebnisse stehen im Widerspruch zu den Untersuchungen von SNYDER (1949) am Helmbasilisken (*Basiliscus basiliscus*). Diese Leguane konnten nur noch wenige Schritte bipedal zurücklegen, wenn ihnen das letzte Drittel des Schwanzes fehlte. Wurden gar die letzen zwei Drittel des Schwanzes entfernt, war der Basilisk zu dieser Bewegungsart überhaupt nicht mehr in der Lage. Daraus wurde geschlossen, dass die Funktion des Schwanzes u. a. darin bestehe, das Gleichgewicht beim Laufen auf zwei Beinen zu wahren (SNYDER 1949). HAMLEY nimmt dagegen an, dass die Bedeutung des Schwanzes zur Wahrung des Gleichgewichts geringer ist als angenommen. Als eine mögliche Ursache für die widersprechenden Ergebnisse der Studien SNYDERS führt HAMLEY an, dass die Echsen bei den Versuchsreihen SNYDERs wenige

Minuten bis 48 Stunden, nachdem ihnen ein Teil des Schwanzes entfernt worden war, auf die Piste geschickt wurden. Diese Zeitspanne sei aber zu kurz gewesen, als dass die Echsen sich auf die neue Gleichgewichtslage bereits hätten einstellen können. HAMLEY nahm für seine Untersuchungen dagegen Wasseragamen, deren Schwanzende bereits abgeheilt war. Er schreibt dem Schwanz eine andere Hauptfunkton bei der bipedalen Bewegung zu, denn seine gekürzten Agamen liefen zwar genauso schnell, aber dafür mit weitaus größerer Schrittfrequenz. Die Tiere benötigten also viel mehr Schritte, um dieselbe Strecke mit gleicher Geschwindigkeit wie ihre unverletzten Artgenossen zurückzulegen.

Der Schwanz wird beim Laufen horizontal wellenförmig hin- und herbewegt. Schwanz- und Schenkelmuskulatur sind miteinander gekoppelt, sodass die Schwingung des Schwanzes die Kontraktion der

Jungtier von *P. l. lesueurii* in der Beatrice-Schlucht in Queensland Foto: H.-G. Horn

Juveniler *P. l. lesueurii* aus Jualtten in Queensland Foto: H.-G. Horn

Schenkelmuskeln unterstützt. Dieser Mechanismus funktioniert allerdings nur, wenn die Frequenz der Schritte mit derjenigen der Schwanzschwingungen übereinstimmt. Fehlt also ein Stück des Schwanzes, ändert sich dessen Schwingungsverhalten, und die Agame muss zum Ausgleich die Schrittfrequenz erhöhen. Auf der Flucht steuert die Australische Wasseragame senkrechte Flächen an, an denen sie dann – offenbar reflexartig – eiligst hochklettert, wobei ihr die scharfen Krallen sehr hilfreich sind. Im Regelfall entschwindet sie so ins Gestrüpp – steht zufällig ein Mensch im Weg, so klettert sie allerdings auch an dieser etwas verdutzten „senkrechten Fläche" empor.

Australische Wasseragamen sind standorttreu. FRAUCA (1972) berichtet von sechs markierten Tieren, die sich über einen Beobachtungszeitraum von sechs Jahren auf einer Fläche von weniger als einem Hektar aufhielten. Dabei besetzten sie feste Reviere, die aus einigen Bäumen und einem Gewässerabschnitt bestanden. Ein solches Areal wird von einem Männchen und mehreren Weibchen bewohnt. MAREN GAULKE (schriftl. Mittlg.) beobachtete mehrfach Gruppen aus einem adulten Männchen, mehreren Weibchen, subadulten beiderlei Geschlechts und Jungtieren, die offenbar friedlich beieinander saßen.

Die Anzahl der Weibchen scheint dabei in direktem Zusammenhang mit der Größe und Stärke des Männchens zu stehen (SWANSON 1980). Zu alte oder zu junge Männchen werden abgedrängt und müssen einzelgängerisch leben – denn diese Territorien werden gegen Artgenossen verteidigt. Dabei zeigen auch die Australischen Wasseragamen das schon bei *P. cocincinus* beschriebene Imponierverhalten mit Kopfnicken und Armrudern. Nutzt dies nichts, kommt es zu ernsteren Konflikten. DALY (1992) beobachtete im Freien eine solche Auseinandersetzung zweier Männchen. Dabei stellten sich die Kontrahenten sich Schwanz-zu-Kopf gegeneinander auf, umkreisten sich gegenseitig und bissen in die Hüfte des Gegners. Nach mehreren Umdrehungen unterbrachen die Agamen ihren Streit und verharrten einige Minuten bewegungslos, ehe sie die Kampfhandlungen wieder aufnahmen. Dies wiederholte sich einige Male. Als Resultat trugen beide Tiere blutende Wunden an der Hüfte davon. MAREN GAULKE (schriftl. Mittlg.) beobachtete einen Kampf zwischen zwei Männchen, die sich Kopf-zu-Kopf aufgestellt und an den Köpfen ineinander verbissen hatten.

Nachts schlafen die Agamen oft auf relativ frei hängenden Ästen, häufig über Gewässern, oder sie

Kämpfende Männchen von *P. l. howitii* im National Botanic Garden in Canberra Foto: M. Gaulke

ziehen sich in Verstecke wie Erdlöcher oder Wurzel-höhlen zurück (AHS 1976; THOMPSON 1993; RETAL-LICK & HERO 1994; ANTHONY & TELFORD 1996; TURNER 1999). Sie können auch im Wasser schlafen, wobei häufig nur die Schnauzenspitze mit den Na-senlöchern herausragt (LANGERWERF 1999; THOMP-SON 1993; TURNER 1999). Werden die Echsen im Schlaf gestört, flüchten sie häufig ins Wasser, indem sie von Ästen springen oder, wenn sie im Wasser geruht hatten, in tiefere Bereiche tauchen.

Im Terrarium wählen die Tiere über lange Zeit-räume immer dieselben Schlafplätze. LANGERWERF (1999) beobachtete, dass seine Tiere stets in Grup-pen schliefen, sodass „jede Echse der Wachhund des Nachbarn" sei. In seinen gut besetzten Aufzuchtter-rarien beobachtete er, dass die Tiere in bis zu sechs „Schichten" übereinander schliefen, obwohl alter-native Schlafplätze zur Verfügung gestanden hätten. Eine Tendenz zum „Gruppenschlaf" konnte ich im Zimmerterrarium ebenfalls beobachten, wenn auch einzelne Tiere phasenweise allein schliefen.

3.2.9 Handel

Da in Australien seit den 70er-Jahren ein strenges Exportverbot für fast alle Tiere gilt (nähere Infor-mationen hierzu und zur Rechtslage in den einzel-nen australischen Staaten s. WER-NING 2000b), kommen auf le-galem Weg seit langer Zeit keine Australischen Was-seragamen mehr in den Handel. Illegal gelangten vermutlich aus Australien geschmuggelte Agamen über Indonesien in den Westen, die wahrscheinlich fälschlich als aus Neuguinea stammend deklariert waren (s. oben: Verbreitung). Aus diesem Grund stößt man im Zoohandel weit seltener auf Babys des Australischen Was-serdrachens als auf dessen grüne Verwandt-schaft. Dies führte dazu, dass *P. lesueurii* in den 80er- und Anfang bis Mitte der 90er-Jahre nur ex-trem selten gehalten und meist nur innerhalb der „Szene" zu sehr hohen Preisen gehandelt wurde.

Anfang der 90er-Jahre musste man für ein semi-adultes Tier ca. 450 € bezahlen.

Dass diese Situation sich grundlegend geändert hat, ist einem einzigen Mann zu verdanken: Bert Langerwerf. Der engagierte und extrem erfolgreiche Echsenzüchter aus den Niederlanden hat im US-Bundesstaat Alabama die Echsenfarm „Agama In-ternational" aufgebaut, auf der er zahlreiche Arten pflegt. 1991 erwarb er eine kleine Kolonie Australi-scher Wasserdrachen von einem Zoo und hielt sie in großen Freilandterrarien. Die Tiere kamen mit dem Klima in Alabama vorzüglich zurecht und vermehr-ten sich reichlich. Heute beherbergt Langerwerf auf seiner Farm mehrere Hundert adulte Zuchttiere, mit denen er im Jahr um die 2000 kleine Drachen „pro-duziert" (s. Tabelle). Diesen spektakulären Vermeh-rungserfolgen ist es zu verdanken, dass Australische Wasseragamen heute wieder leicht verfügbar sind, sowohl in den USA als auch in Europa, denn „Aga-ma International" beliefert regelmäßig auch europä-ische Händler. Der Preis ist heute moderat, wenn die Tiere (zum Glück) auch nicht zu solchen Schleuder-preisen wie die Massenimporte der Grünen Wasser-agame angeboten werden. Dafür erhält der Käufer aber normalerweise sehr stabile Jungtiere, die schon recht gut an den Menschen und an Terrarienbedin-

Porträt von *P. l. lesueurii*
Foto: H. Bosch

Blick auf einen Teil der Echsen-Farm Agama International Foto: B. Langerwerf

Jeden Freitag werden die Eier der Australischen Wasseragamen ausgegraben. Foto: B. Langerwerf

gungen gewöhnt sind. Auch große Tiere können daher in der Regel bedenkenlos erworben werden, da die Eingewöhnungsprobleme hier weitgehend entfallen. In zu kleinen Terrarien allerdings kommt es auch bei Australischen Wasseragamen häufig zum „Schnauzenproblem".

3.2.10 Agama International

Da wohl nahezu alle heute erhältlichen Australischen Wasseragamen direkt oder indirekt von der Farm „Agama International" in Alabama stammen, sei auf die dortigen Haltungsbedingungen hier detaillierter eingegangen. Die Informationen wurden mir von Bert Langerwerf freundlicherweise bereitgestellt und basieren zudem auf einem seiner Artikel, den ich für REPTILIA übersetzt habe (LANGERWERF 1999).

Alabama weist ein etwas ruppigeres Klima als die australische Ostküste auf, vor allem sind die Winter kälter. Während die Tiefstwerte im natürlichen Verbreitungsgebiet der Wasserdrachen maximal um den Gefrierpunkt pendeln oder bis auf etwa -4 °C sinken, kann es in Alabama unter dem Einfluss von Blizzards zu länger andauernden Frostperioden mit Außentemperaturen bis -17 °C kommen. Um den Tieren trotz der härteren Winter gerecht zu werden, sind die Freilandterrarien bei „Agama International" im Boden versenkt. Eine Seite ist mit einer festen Tür aus Glas oder Holz versehen, die gleichzeitig auch für einen gewissen Schutz vor klimatischen Einflüssen sorgt und einen kleinen Teil des

Die Jungtiere können in sehr großer Besatzdichte aufgezogen werden.
Foto: B. Langerwerf

Terrariums vor Nässe bewahrt, der Rest ist mit galvanisierter Drahtgaze mit einer Maschenweite von 0,64 cm versehen. Regen und UV-Strahlen können somit ungehindert passieren. „Agama International" verwendet Terrarien unterschiedlicher Größe und Einrichtung. Als Strukturelemente dienen neben „klassischen Einrichtungsgegenständen" wie Ästen u. Ä. beispielsweise auch Pappkartons. Eine Seite des Terrariums ist mit vorbereiteten Versteckplätzen versehen, in denen die Temperaturen im Sommer nicht über 25 °C ansteigen und im Winter nicht unter 6 °C abfallen. Diese Verstecke werden von den Agamen gerne angenommen, allerdings graben sie sich auch eigene Höhlen im Substrat. Mindestens 1 m² des Bodens ist mit Sand bedeckt, der von den Weibchen als Eiablagestelle genutzt wird. Vier Typen an Wasserbecken kommen zum Einsatz:

1) Für Jungtiere werden Plastiktabletts verwendet, wie sie z. B. in Lackier-Sets angeboten werden, um den Farbroller darin einzurollen. Der Vorteil liegt in dem flachen Bereich, der den Tieren als „Strand" dient.

2) Kleine Behälter, in die die Agamen gerade hineinpassen, die durch ihre geringe Größe aber eine problemlose Reinigung ermöglichen.

3) Ein kleiner Teich mit einer Fläche von etwa 60 cm x 60 cm und einer Tiefe von 30 cm. Dieser wird gelegentlich trockengelegt und anschließend gründlich gesäubert.

4) Teiche im Format eines Planschbeckens für Großterrarien mit vielen Agamen. Diese werden mit Pflanzen wie Wasserhyazinthen und Lotusblumen bepflanzt und sind außerdem die Heimat einer eigenen kleinen Teichfauna, sodass die Wasserqualität aufrecht erhalten bleibt, obwohl die Agamen größtenteils in das Wasser koten.

Im Winter werden die Freilandterrarien zum Schutz vor Extremtemperaturen mit Decken und/oder UV-resistenten Plastikabdeckungen für Gewächshäuser versehen.

Langerwerf ernährt seine Agamen mit Grillen, Schaben, Mehlwürmern, *Zophobas*, Heuschrecken und nestjungen Mäusen. Jungtiere werden in erster Linie mit Grillen und *Zophobas* aufgezogen. Im Alter von 4–6 Monaten machen *Zophobas* 90 % der Ernährung aus, große Tiere werden hauptsächlich mit Totenkopfschaben gefüttert. Jungtiere bekommen auch *Drosophila* und Termiten. Alle Futtertiere werden mit Blättern, Süßkartoffeln, Möhren und Küken-Aufzuchtfutter angefüttert und somit hochwertig „gefüllt". Nicht gefressene *Zophobas* entfernt Langerwerf nach zwei Tagen zum „Wiederaufladen".

Die Tiere setzen ihre Gelege von der zweiten April- bis in die zweite Julihälfte ab. Sie werden eingesammelt und in einem Brutschrank inkubiert. Als Inkubationsbehälter dienen etwa 5 cm hoch mit Sand oder Vermiculit befüllte Boxen, in die Luftlöcher gebohrt wurden. Das Substrat wird nur leicht feucht gehalten, nach etwa vier Wochen muss die Feuchtigkeit nachreguliert werden. Die Eier werden ganz vergraben. Die Aufzucht der Jungtiere erfolgt in sehr großer Populationsdichte. In 60 cm x 60 cm x 240 cm (T x B x H oder H x B x T) großen Terrarien leben jeweils etwa 20–30 der kleinen Drachen. Größere Gruppen von etwa 200 Jungtieren werden in Käfigen mit einer Bodenfläche von 3,6 m x 9 m gepflegt, in denen sich ein Pool mit einem Durchmesser von 256 cm und einer Tiefe von 64 cm befindet. Die Terrarien sind mit reichlich Kletterästen und einem lockeren, grabfähigen Substrat ausgestattet, in dem die Kleinen ihre Höhlen anlegen können, in denen sie dann auch überwintern. Je mehr Platz und Futter den jungen Wasseragamen zugestanden wird, desto schneller wachsen sie.

Zahl der Nachzuchten Australischer Wasseragamen bei „Agama International" (LANGERWERF, schriftl. Mittlg.)	
Jahr	Anzahl der Nachzuchten
1992	9
1993	290
1994	339
1995	394
1996	634
1997	1346
1998	2032
1999	2107
2000	2839
2001	1730
2002	2126

3.2.11 Haltung im Terrarium

Die Australische Wasseragame war schon in der Frühzeit der Terraristik ein regelmäßig importierter und häufig gepflegter „Klassiker" (z. B. KLINGEL-HÖFFER 1957). Diese Agamen eignen sich hervorragend für die Haltung, sie sind sogar noch unproblematischer als die Grüne Wasseragame, da sie deutlich ruhiger sind und die erhältlichen Tiere bereits allesamt aus Nach- oder Farmzuchten stammen. Die Schwierigkeiten, die bei der Eingewöhnung Grüner Wasseragamen auftreten, sind bei den australischen Cousinen weitaus seltener, vorausgesetzt natürlich, man bietet ihnen ein ausreichend großes Terrarium (s. Kap. 2.4).

Bei richtigen räumlichen Bedingungen aber können die prächtigen Echsen wirklich als nahezu perfektes Terrarientier bezeichnet werden. PETERS (1986), der als Reptilienpfleger im Zoo von Sydney mit zahlreichen Agamenarten umging, schreibt: „Ich habe noch keine andere so einfach und dankbar zu haltende Agame kennen gelernt wie die Wasseragame." LANGERWERF (1999) schätzt sie als ungewöhnlich unanfällig für Stress ein, in dieser Hinsicht seien sie selbst robuster als Bartagamen. Auch unter schwierigen Bedingungen wie Überbesatz würden die Tiere sich weder gegenseitig verletzen noch an

Stressymptomen erkranken – was natürlich nicht heißt, dass sie so gehalten werden sollten. Gegenüber Krankheiten scheinen die Australier ebenfalls wenig anfällig zu sein. Hinzu kommt, dass sie untereinander verträglicher sind als Grüne Wasseragamen. Jungtiere können problemlos auch in größeren Gruppen aufgezogen werden, und Weibchen scheinen generell untereinander verträglich zu sein, was bei *P. cocincinus* ja nicht immer der Fall ist. LANGERWERF (1999) berichtet, dass Aggressionen zwischen Weibchen nur dann auftreten, wenn mehrere Tiere gleichzeitig Eier ablegen wollen. Hier ist unter Terrarienbedingungen also Vorsicht angezeigt (s. Kap. 2.11).

Australische Wasseragamen gewöhnen sich schnell an ihren Pfleger. Wenn man sich ihnen immer wieder geduldig nähert und mit langsamen Bewegungen hantiert, werden sie rasch zutraulich und nehmen problemlos Futter aus der Hand an. Wenn sie auch nicht ganz so zahm werden wie die dafür besonders bekannten Bartagamen, so gehören sie doch zu den besonders umgänglichen Echsen.

3.2.12 Ernährung

Die Australische Wasseragame ist eine große, omnivore „Raubechse", die sich von nahezu allem ernährt, was sie ergattern kann. In den Mangrovensümpfen erbeutet sie für diesen Lebensraum spezifische Bewohner, wie etwa die dort sehr zahlreichen Schlamm bewohnenden Krabben. Direkt an der Küste lebende Agamen dringen sogar bis in die Gezeitenzone vor, wo sie Krabben erbeuten und auch bestimmte Seegras-Sorten fressen (MACKAY 1959; EHMANN 1992). Weitere Freilandbeobachtungen zeigen folgenden umfangreichen Speiseplan: große Insekten (z. B. Zikaden, Wasserkäfer, Wasserläufer), kleinere Echsen, Frösche, Kaulquappen, Mäuse, Flusskrebse, Fische (z. B. die in Australien eingeführte *Gambusia* oder Goldkarpfen [*Carassius auratus*]), Schnecken, aber auch Aas. Gejagt wird sowohl an Land als auch unter Wasser. Neben dieser tierischen Nahrung wird auch pflanzliche Kost nicht verschmäht, beson-

Adulte Australische Wasseragame im Terrarium Foto: H.-G. Horn

ders Früchte und Blüten. Aus dem Kot zweier am Brisbane River gefangenen Wasseragamen konnte die Zierpflanze *Asparagus rerofractus* zum Keimen gebracht werden (CLIFFORD & HAMLEY 1982). Auch HARDY & HARDY (1977) berichten von Pflanzensamen, die sie im Kot von Wasseragamen finden konnten. Dies ist nicht nur ein Hinweis darauf, dass Pflanzenbestandteile verspeist werden, sondern auch auf eine wenig offensichtliche ökologische Rolle, die die Agamen spielen.

Im Terrarium fraßen Australische Wasseragamen neben den üblichen Futtertieren auch Wasserskinke (*Sphenorphus quoyii*), Nackt- und Wasserschnecken, Ameisen, Hundertfüßer, Maikäfer, Früchte (z. B. Bananen, Feigen, Erdbeeren, Kirschen, Äpfel, Weintrauben), Tomaten, Joghurt, Erdnusskerne, Fleisch (z. B. Leber und Herz von Rind und Huhn), Katzenfutter, Schildkröten- und Sperlingseier, die Sperlinge selbst, Küken und sogar kleine Amseln. LANGERWERF (1999) berichtet, dass bei „Agama International" in den Gehegen der (gut genährten) Wasseragamen Große Madagaskar-Taggeckos (*Phelsuma madagascariensis grandis*), Japanische Feuerbauchmolche (*Cynops pyrrhogaster*), Ruderfrösche *Polypedates dennysi* sowie Laubfrösche *Hyla chrysoscelis* leben, ohne dass diese von den Agamen behelligt würden. EGERT (2002) dagegen berichtet von Spanischen Mauereidechsen (*Podarcis hispanica*), die in das Terrarium der Drachen eindringen und ohne Umschweife bejagt und gefressen werden.

Wasseragamen nehmen ihre Nahrung nicht nur visuell wahr, sie können sie auch erriechen. Fauliges Fleisch spüren sie sicher auf (FRAUCA 1972).

Die zylinderförmigen, ca. 10–15 mm x 5 mm großen Kotballen werden normalerweise im Wasser abgesetzt.

3.2.13 Überwinterung

Die Winterruhe im natürlichen Lebensraum fällt je nach Wetterlage, vor allem aber nach geographischer Verbreitung, unterschiedlich aus. Allgemein verringern die Wasseragamen während der kalten Monate (Juni bis August) ihre Aktivität und fressen weniger oder gar nicht. SMITH (1979) berichtet von seinen Jungtieren, dass sie auch an regnerischen, kal-

Die Australischen Wasseragamen überwintern bei „Agama International" auch bei Schnee und Eis im Freien. Foto: B. Langerwerf

ten Wintertagen noch aktiv waren, „während sich alle anderen Echsen schon verbargen". Zumindest im Süden des Verbreitungsgebietes ziehen sich die Agamen aber auch ganz zurück. Im Großraum Sydney sind sie bei Temperaturen unter 17 °C nicht mehr aktiv (HARDY & HARDY 1977). Während der Überwinterung verbergen sie sich beispielsweise in Sandsteinhöhlen und -spalten oder in 2 m tiefen Tunneln (AHS 1976). LANGERWERF (1999) beobachtete, dass seine Wasseragamen in selbst gegrabenen Höhlen mit einer kleinen Kammer am Ende überwinterten. Diesen Bau verschließen sie von innen mit Erdreich. Bei EGERT (2002) stellten die Tiere bei Temperaturen von 5–15 °C jegliche Aktivität ein, verbargen sich während des Winters aber nicht im Boden, sondern zogen sich in die Blätter großer *Dracaena*-Pflanzen zurück, von wo aus sie ihre Umgebung weiterhin mit geöffneten Augen beobachteten. Auch an warmen Wintertagen (25–28 °C) fraßen sie nicht.

Dass Australische Wasseragamen sehr kältetolerant sind, wurde oben schon ausgeführt. Selbst in zugefrorenen Gewässern können sie kurzzeitig überleben (LANGERWERF, schriftl. Mittlg.). An warmen Tagen im Winter kommen sie aber durchaus aus ihren Verstecken hervor und sonnen sich. Nach LANGERWERF (1999) neigen adulte Agamen dazu eher als Jungtiere.

Bei „Agama International" ziehen die Tiere sich von Mitte Oktober bis Mitte März zur Überwinterung zurück. Sie beginnen diese, wenn die durchschnittlichen Tageshöchsttemperaturen unter etwa

25 °C sinken und werden wieder aktiv, wenn diese Werte auf über 22 °C steigen.

Eine Überwinterung im Terrarium gehört zur artgerechten Pflege dieser Art. Zwar sind die Tiere über längere Zeiträume auch ohne Überwinterung gehalten worden, doch entspricht dies nicht den natürlichen Bedingungen. Zur Einleitung der Fortpflanzung ist eine Überwinterung als Paarungsauslöser und zur Synchronisation der Tiere ohnehin unabdingbar. Da die bei uns gepflegten Agamen alle auf der Nordhalbkugel nachgezüchtet wurden, entstehen keine Probleme mit einer „Umstellung" der Jahreszeiten von Süd- auf Nordwinter. Man kann zur Überwinterung auf verschiedene Weise vorgehen.

Die sicherlich einfachste Methode ist die Überwinterung im Zimmerterrarium, mit der ich gute Erfahrungen gemacht habe. Hierzu reduziert man im Herbst allmählich die tägliche Beleuchtungsdauer und senkt die Temperaturen. Schließlich werden alle Beleuchtungs- und Heizelemente abgestellt. In jedem Fall sollten die Temperaturen deutlich unter 20 °C liegen. Eine abgemilderte Ruheperiode bei 15–20 °C sollte nicht länger als zwei Monate dauern, da die Tiere hierbei nicht so sehr auf „Sparflamme" laufen wie unter kalten Bedingungen und daher abmagern und auszehren können. Ideal ist es, wenn man den Raum, in dem das Agamenterrarium steht, insgesamt auf Werte zwischen 6 und 15 °C abkühlen kann; dann darf die Überwinterung ruhig auch länger dauern. Ich beginne im Oktober mit der „Herbstabsenkung", von Dezember bis je nach Außentemperaturen Februar/März überwintern die Tiere dann. Anschließend steigert man Beleuchtung und Temperaturen (hier reicht eine Woche als „Übergangszeit"), um dann wieder die Normalwerte zu bieten.

Wer in seinem Terrarium keinen solchen Winter simulieren kann, weil es in einem warmen Raum steht, muss die Tiere in einem kühlen Keller oder gar im Kühlschrank überwintern, wie es bei der Pflege

Schlüpfling der Australischen Wasseragame Foto: H. Werning

von Europäischen Landschildkröten bekannt ist (vgl. WILMS 2000). Hierzu verwendet man am besten große Plastikboxen mit Luftlöchern, in die man unten eine etwa 3 cm hohe Schicht Blähton (Hydrokultur) füllt. Die Blähtonkugeln werden zuvor über zwölf Stunden gewässert, und anschließend lässt man sie für zwei Stunden abtropfen. So haben sie genug Feuchtigkeit aufgenommen, die sie im Inneren speichern, geben aber nicht mehr direkt Wasser ab. Auf diese Blähtonschicht schichtet man anschließend eine dicke Lage mäßig feuchtes Torfmoos, Laub oder ähnliche Substrate (etwa 7 cm), darauf noch ein Korkrindenstück oder andere Versteckmöglichkeiten. Es sollten mindestens 5 cm Luftraum in der Dose verbleiben. Wasseragamen können je nach Größe der Dosen auch in Gruppen überwintert werden. Sie werden sich später im Substrat vergraben oder unter der Korkrinde verbergen und dort die Kältephase überdauern. Die Dosen stellt man in einen kühlen Keller (ideal sind die Keller-

gewölbe von Altbauten, die auch eine recht hohe Luftfeuchtigkeit haben). Dabei ist auf den oben genannten Temperaturtoleranzbereich zu achten, auf keinen Fall darf es frieren. Steht ein solcher Keller nicht zur Verfügung, kann die Überwinterung auch im Kühlschrank erfolgen (BARTLETT & BARTLETT 1997). Dann muss die Substratfeuchte hin und wieder kontrolliert werden; durch die Blähtonkugeln, die ihre gespeicherte Feuchtigkeit nach und nach abgeben, ist einer zu raschen Austrocknung aber wirkungsvoll vorgebeugt.

3.2.14 Fortpflanzung

Balz und Paarung

Nach der Winterruhe beginnt für die Australische Wasseragame die Paarungszeit. Die Männchen zeigen jetzt die Prachtfärbung an Kinn, Brust und den Seiten ihres Kopfes (s. oben). Beim Balz- und Imponierverhalten werden diese farbigen Partien

Nachzuchttier im Alter von einem Jahr Foto: H. Werning

Fast geschafft – der Kopf der kleinen Australischen Wasseragame ist draußen. Foto: B. Langerwerf

dem umworbenen Weibchen oder dem rivalisierenden Männchen durch das Aufstellen der Kehle, durch Breitseitimponieren und Kopfnicken präsentiert. Die Paarung erfolgt in der für Agamen typischen Weise, wie schon beschrieben.

Die Fortpflanzungsperiode fällt in der Natur in den australischen Frühling, d. h., in die Monate Oktober bis Dezember. Während dieser Saison legt das Weibchen oftmals zwei Gelege ab, etwa Ende Oktober und Anfang Dezember (HARLOW & HARLOW 1997; ZWINENBERG 1982). Im Norden des Verbreitungsgebiets können sogar drei Gelege im Jahr produziert werden (HARLOW & HARLOW 1997). Die Tragzeit beträgt maximal vier Wochen.

Bei „Agama International" beginnt die Paarungszeit direkt nach der Überwinterung. Im März und April können dort täglich Paarungen beobachtet

werden (LANGERWERF 1999).

Hochträchtige Weibchen scheinen ihr Fluchtverhalten zu ändern. Es wird berichtet, ein solches Tier sei von seinem Ast nicht wie üblich ins Wasser gesprungen, sondern sitzen geblieben und hätte leicht gefangen werden können (AHS 1976).

Die Weibchen Australischer Wasseragamen können über kürzere Zeit Sperma speichern. HARLOW & HARLOW (1997) berichten, dass das zweite Gelege einer Saison auch dann befruchtet war, wenn das Männchen noch vor dem Absetzen des ersten Geleges vom Weibchen getrennt wurde. Im darauf folgenden Jahr hingegen wurden unbefruchtete Eier gelegt, wenn das Männchen nicht zu erneuten Paarungen zugesetzt wurde.

Eiablage

In der Natur werden die ersten Eier im Frühsommer, also im November oder Dezember, gelegt. Die Eiablage erfolgt an ungewöhnlich warmen Sommertagen (HARLOW & HARLOW 1997). Zur Eiablage dienen nicht nur selbst ausgehobene, etwa 15–20 cm tiefe Gruben, sondern gelegentlich auch verlassene Nagetierbauten in Wassernähe. Auf jeden Fall wählt das Weibchen einen Ort etwas abseits der großen Populationen der Adulti (EHMANN 1992). Auch die Australische Wasseragame testet mögliche Eiablageplätze genau und beginnt 3–12 Tage, meistens etwa eine Woche zuvor mit „Probebohrungen" (HARLOW & HARLOW 1997). Mit den Vorderbeinen gräbt es, mit den Hinterbeinen wird das Substrat aus der Grube geworfen. Bei „Agama International" erfolgt die erste Eiablage in jedem Jahr um den 20. April, wenn die durchschnittlichen Tageshöchstwerte auf 25 °C angestiegen sind. Die Weibchen legen ihre Eier in nahezu senkrechte, etwa 7,5–11 cm tiefe und 4–7 cm breite Höhlen in kaum feuchtem sandigen Boden ab (EGERT 2002; HARLOW & HARLOW 1997; LANGERWERF 1999). Dazu wählen sie möglichst lang dem direkten Sonnenschein ausgesetzte Stellen. „Probegrabungen" können den ganzen Tag über stattfinden, die Hauptaktivität liegt aber im Nachmittag. Die eigentliche Eiablage findet stets kurz vor Sonnenuntergang statt. Das Agamenweibchen kriecht nicht in die Grube hinein, sondern legt sich darüber und lässt so die Eier in die Nisthöhle glei-

Zur Zeitigung liegen folgende Daten vor:

Inkubationstemperatur	Dauer	Geschlechtsverteilung	Quelle
26,7 °C	68–74 Tage	nur Männchen	LANGERWERF 1999
28 °C	?	nur Weibchen	LANGERWERF 1999
28–31 °C	56–60 Tage	nur Weibchen	LANGERWERF 1999
≤ 25 °C	?	nur Weibchen	HARLOW 1994
18–33 °C	?	50:50	LANGERWERF 1999
27,2 °C	?	ca. 50:50	LANGERWERF 1999
26,1–28,5 °C	?	ca. 50:50	LANGERWERF 1999
30 °C	86 Tage	?	ZIMMERMANN 1983
29–30 °C	85–90 Tage	?	SMITH 1979
28–29 °C	53–63 Tage	?	EGERT 2002

ten. Jedes gerade gelegte Ei wird von dem Weibchen mit etwas Substrat bedeckt, bevor das nachfolgende abgesetzt wird. Dadurch sind alle Eier säuberlich voneinander getrennt (EHMANN 1992). Versehentlich außerhalb der Legegrube platzierte Eier werden vom Weibchen mit der Schnauze in die Grube gestoßen oder angeblich sogar mit dem Maul aufgenommen und an den richtigen Platz getragen (GREER 1990). Zum Zeitpunkt der Eiablage messen die Eier 26–30 mm x 15–16 mm. Anschließend wird die Grube sorgfältig mit den Hinterbeinen zugeschüttet. Zusätzlich presst das Weibchen den Boden mit der Schnauze fest. Anschließend wird häufig noch Laub, Gras und Ähnliches über die gesamte nähere Umgebung verteilt, sodass die Eiablagestelle gut getarnt ist.

Australische Wasseragamen zeigen ein rudimentäres Brutpflegeverhalten (GIDDINGS 1983; HARLOW & HARLOW 1997). Werden sie bei der Eiablage von potenziellen Nesträubern gestört, attackieren sie diese sofort. Das gilt auch für den Pfleger. Wird die Nistgrube in den ersten Tagen nach der Eiablage aufgegraben, verschließt das Weibchen sie sofort wieder, ggf. auch mehrmals.

Die Gelege von *P. lesueurii* umfassen 6–20 Eier, in den meisten Fällen liegt deren Zahl jedoch bei 8–12. Junge Weibchen legen 4–8 Eier (normalerweise mindestens fünf) pro Gelege. Mit dem Alter und der Größe der Mutter nimmt auch die Zahl der Eier je Gelege zu. Im Alter von vier Jahren werden meist 10–12 Eier abgesetzt (LANGERWERF 1999).

Das zweite Gelege einer Saison ist in der Regel kleiner, auch die Eigröße ist geringer (HARLOW & HARLOW 1997). Die Eier wiegen etwa 4,5–5,0 g.

Zeitigung und Schlupf

Die Inkubation der Eier erfolgt wie schon beschrieben. Die Dauer der Zeitigung hängt ebenso von der Bruttemperatur ab wie das Geschlecht der Jungtiere (s. Kap. 2.11): Die Spannbreite der angegebenen Inkubationszeiten reicht von 70–120 Tagen. Die Toleranz gegenüber niedrigeren Temperaturen ist relativ groß. Die Eier entwickeln sich problemlos, auch wenn die Temperaturen im Lauf der Nacht auf 18 °C abfallen, und selbst Tiefstwerte von 16 °C beeinflussten die Entwicklung nicht negativ (LANGERWERF 1999). Größere Temperaturschwankungen wirken sich nach SMITH (1979) nachteilig auf die Schlupfrate aus. LANGERWERF (1999) konnte dagegen keinen schädigenden Einfluss feststellen: Er brütete 200 Eier bei großen Temperaturschwankungen aus. Morgens betrugen die Werte in den Nestern 16–23 °C, die nachmittäglichen Maximalwerte lagen bei 25–33 °C. Sind die Gelege längere Zeit Temperaturen von 33 °C ausgesetzt, kommt es aber zu einer Schädigung der Embryonen (Deformationen der Wirbelsäule und des Schwanzes). EGERT (2002) stellt fest, dass die Eier gegen Feuchtigkeitsschwankungen während der Inkubation relativ unempfindlich sind. Im Inkubator zeitigte er seine Gelege bei 80 % relativer Feuchte, im Terrarium jedoch gab es eine große Spannbreite von relativer Trockenheit bis großer Nässe, die die Schlupfrate der dort inkubierten Gelege nicht beeinträchtigte.

Während des Bebrütens werden die Eier größer, kurz vor dem Schlupf messen sie etwa 29,5–34,5 mm x 22,5–24,5 mm. Die Jungtiere eines Geleges schlüpfen normalerweise innerhalb von 24 Stunden.

Bei den im Freien inkubierten 200 Eiern notierte LANGERWERF (1999), dass die die Jungen alle morgens zwischen 7.00 und 9.00 Uhr schlüpften. Da auch im Verbreitungsgebiet der Agamen die Inkubationstemperaturen ähnlich stark schwanken, könnte dies ein Hinweis darauf sein, dass die Jungen in der Natur ebenfalls morgens schlüpfen. So können sich die tagaktiven kleinen Wasseragamen sofort orientieren und einen geeigneten Lebensraum für den Start in ihr Echsenleben suchen; außerdem entgehen sie der großen Hitze, die sonnenbeschienene Sandoberflächen während der Mittagszeit annehmen und die für die Schlüpflinge tödlich sein könnten. Werden die Eier unter konstanten oder nur leicht schwankenden Temperaturbedingungen inkubiert, schlüpfen die Jungtiere zu völlig unterschiedlichen Tages- und Nachtzeiten.

Bei einer Langzeitstudie am Gloucester River im zentral-östlichen New South Wales tauchten Schlüpflinge im Februar und März auf (THOMPSON 1993). MAREN GAULKE (schriftl. Mittlg.) beobachtete in Canberra bereits Mitte Dezember Schlüpflinge; bei einer angenommenen Inkubationszeit von mindestens 70 Tagen müsste die Eiablage also Anfang Oktober stattgefunden haben. Gleichzeitig sah GAULKE Weibchen bei „Probegrabungen", die also vermutlich das zweite Gelege der Saison vorbereiteten.

Ein Lebensraum von *Physignathus lesueurii* in der Beatrice-Schlucht in Queensland. Als gute Schwimmer und Taucher bevorzugen die kräftigen Echsen die Nähe von Gewässern. Foto: H.-G. Horn

Jungtiere

Die Größe der Schlüpflinge ist von der Inkubationstemperatur sowie vom Ernährungszustand der Mutter abhängig. Die Gesamtlänge liegt bei 12–17 cm. Die Schwanzlänge beträgt das 3- bis 3,5fache der KRL. Junge von suboptimal versorgten Weibchen sind kleiner.

Die Kleinen sind zunächst dunkler gefärbt als die Adulti, ihre Musterung ist noch nicht so kontrastreich. Dafür zeigt ihre Kehle eine Zeichnung aus dunklen Längsstreifen.

Die Alttiere stellen den Schlüpflingen nach. Deshalb sind die jungen Wasseragamen auch sehr vorsichtig und meist in den kleineren

Eine frisch geschlüpfte Australische Wasseragame gräbt sich ans Tageslicht. Foto: B. Langerwerf

Seitenbächen ohne Population adulter Wasseraga-men zu Hause (EHMANN 1992), zudem leben sie eher in Bodennähe als die oft kletternden Adulti (AHS 1976).

LANGERWERF (1999) beschreibt die Jungtiere als gesellig. Nicht nur, dass er sie problemlos in großer Populationsdichte aufzieht (s. oben), selbst bei aus-reichend zur Verfügung stehendem Platz ziehen sie sich zur Winterruhe in Gruppen von bis zu 20 Tieren in ihre Höhlen zurück, die sie in den Wochen zuvor gegraben haben.

Die Angaben zum Wachstum der Jungtiere sind unterschiedlich. ZWINENBERG (1982) gibt eine ex-trem langsame Wachstumsgeschwindigkeit an: Nach einem Jahr sollen sie 20 cm, nach drei Jahren 35 cm und nach fünf Jahren 60 cm messen. Auch LONGLEY (1946–47) spricht von einem ziemlich langsamen Wachstum, ohne nähere Angaben zu machen. In einer Population im zentralen Osten von New South Wales stellte THOMPSON (1993) fest, dass die Schlüpflinge im ersten Jahr am schnellsten wachsen; ihr Zuwachs beträgt durchschnittlich 2,25 mm KRL

pro Monat, ihre Masse steigert sich im selben Zeit-raum 1,25 g. Nach einem Jahr haben sie durch-schnittlich eine KRL von 8 cm (6,7–9,4 cm), eine GL von 29,3 cm (26,1–32,1 cm) und eine Masse von 19,5 g (12–28 g). Nach vier Jahren erreichen sie die Adultgröße.

PETERS (1986) berichtet, seine Jungtiere hätten es in 2,5 Jahren auf eine Länge von 58–63 cm gebracht. Bei LANGERWERF (1999) wachsen die Jungtiere in den etwa 70 Tagen bis zu ihrer ersten Überwinterung auf ca. 36 cm GL heran. Im darauf folgenden August messen sie ca. 53 cm. Nach der zweiten Überwin-terung, im Alter von etwa 20 Monaten, pflanzen sich die Tiere erstmals fort. Bei mir wuchsen die Jungen in einem Jahr auf etwa 45 cm heran. Männchen sind ab einer Körpermasse von ungefähr 400 g und einer KRL von 21 cm geschlechtsreif (THOMPSON 1993). In der Natur wird die Geschlechtsreife vermutlich deutlich später erreicht. Die Daten von THOMPSON (1993), HARLOW & HARLOW (1997) und HAY (1972) legen nahe, dass erste Fortpflanzungsaktivitäten etwa im Alter von 3–5 Jahren erfolgen.

4. Die Streifen-Wasseragamen – Gattung *Lophognathus*

4.1 Name und Systematik

1842   *Lophognathus* GRAY: 53. –
      Species typica: *Lophognathus gilberti*

1867   *Redtenbacheria* STEINDACHNER: 31. –
      Species typica: *Redtenbacheria*
      fasciata

1885   *Physignathus* BOULENGER: 395.

1974   *Amphibolurus* COGGER & LINDNER (partim)

1983   *Gemmatophora* STORR et al.: 47.

Bald nach ihrer Beschreibung durch GRAY (1842) als *Lophognathus* (Gattungstypus: *L. gilberti*) wurden die Agamen dieser Gattung von BOULENGER (1885) zu *Physignathus* gestellt. Diese Auffassung hielt sich relativ lange. MOODY (1980) schlug vor, die Arten wieder in die eigene Gattung *Lophognathus* zu stellen, eine Ansicht, der COGGER et al. (1983) sowie BAVERSTOCK & DONNELLAN (1990) folgten. Diese Stellung ist heute weithin akzeptiert, auch wenn COGGER & LINDNER (1974) und später HOUSTON

Lophognathus longirostris (Simpson Desert) Foto: H. Zwartepoorte & M. Vriens

(1978) sowie EHMANN (1992) die Arten zu *Amphibolurus* stellten, und COGGER (2000) einräumt, die Gattung sei „eng verwandt mit bestimmten Mitgliedern der Gattung *Amphibolurus*, zu der sie womöglich mit größerer Richtigkeit gehört." WITTEN (1983, 1985) argumentiert aufgrund karyologischer und morphometrischer Daten dagegen. Auch MACEY et al. (2000) kommen aufgrund von DNA-Untersuchungen zu dem Schluss, dass *Lophognathus* nicht näher mit *Amphibolurus* verwandt ist, sondern eine gut abgegrenzte Gattung innerhalb der Unterfamilie der Amphibolurinae darstellt.

Männchen von *Lophognathus temporalis* Foto: H. Werning

Bis heute taucht vor allem der häufig exportierte *L. temporalis* noch regelmäßig als „*Physignathus temporalis*" auf, sowohl im Handel (möglicherweise, um von dem populären „Wasseragamen-Image" zu profitieren) als auch in der Hobby-Literatur (z. B. DE VOSJOLI 1992).

4.2 Merkmale

Der Körperbau von *Lophognathus* ähnelt *Physignathus*, jedoch ist der Schwanz im Verhältnis zur KRL sehr lang und macht etwa drei Viertel der Gesamtlänge aus. Auf dem Nacken kann ein kleiner Kamm aus einer Reihe vergrößerter, stacheliger, nach hinten gebogener Dreiecksschuppen stehen, auf der Rückenmitte verläuft mindestens im vorderen Bereich eine Reihe

Weibchen von *Lophognathus temporalis* Foto: H. Werning

vergrößerter, gekielter Schuppen, die sich manchmal bis auf den Schwanz erstreckt. Die Körperbeschuppung ist sonst einheitlich, nur dorsolateral gibt es manchmal eine oder mehrere Reihen leicht vergrößerter, gekielter Schuppen. Das ovale Nasenloch liegt seitlich am Kopf und ist von einer großen, herausragenden Nasenschuppe umgeben. Seine Lage zwischen Auge und Schnauzenspitze gibt Hinweise auf die Artzugehörigkeit der Agamen. Die Schuppen der Schädeloberseite sind am Hinterkopf und zwischen Schnauze und Augen etwas kleiner als die an der Schnauze und oberhalb der Augen – alle aber sind stark gekielt. Die Arten zeigen eine ausgeprägte Postauricularfalte: das ist die Hautfalte, die die Backen vom Hals abgrenzt. Diese mit stacheligen Schuppen besetzte Falte wirkt wie eine Halskrause, die bei Erregung aufgebläht werden kann und das Tier so größer wirken lässt. Die Femoral- und Präanalporen sind deutlich voneinander getrennt. Zum Schädelbau und zur Morphologie der Porenschuppen bei GREER (1990), morphometrische Daten bei WITTEN (1985).

4.3 Geschlechtsunterschiede

Bei adulten *Lophognathus* können die Geschlechter gut unterschieden werden. Die Präanal- und Femoralporen der Männchen sind deutlicher ausgebildet als bei den Weibchen, auch ist ihre Schwanzbasis breiter. Die Kämme sind generell kräftiger entwickelt, die Backen wirken „angeschwollen". Insgesamt sind die Männchen massiger und größer. Bei Jungtieren kann das Geschlecht nicht aufgrund äußerer Merkmale erkannt werden.

4.4 Klima

Die *Lophognathus*-Arten bewohnen in ihrem sehr großen Verbreitungsgebiet eine Vielzahl recht unterschiedlicher Klimata, von tropisch-feucht im Norden Australiens und auf Neuguinea bis subtropisch-trocken in Zentral-Australien. Charakteristische Beispiele für die einzelnen Arten sind den Klimadiagrammen zu entnehmen.

4.5 Lebensweise

Beobachtungen zur Lebensweise der *Lophognathus*-Arten liegen nicht so zahlreich vor wie zu *Physignathus*, was hauptsächlich daran liegt, dass sie weit weniger in Terrarien gehalten werden und insgesamt etwas unauffälliger sind. Alle sind mehr oder weniger Baumbewohner und klettern sehr gut. Außerdem bevorzugen sie insgesamt die Nähe von Wasser, auch wenn *L. longirostris* teils bis in Gebiete ohne Oberflächenwasser vordringt. STETTLER (1960) berichtet, dass seine *L. gilberti centralis* auch gerne badeten und das Wasser zur Flucht aufsuchten. „Werden die Tiere von ihren hoch gelegenen Standplätzen verscheucht, springen sie in den Wasserbehälter, tauchen unter und verhalten sich längere Zeit unter Wasser still (…). Scheint ihnen die Gefahr vorüber, schwimmen die Agamen eine nach der anderen wie Molche zur Wasseroberfläche, schlängeln sich ans Ufer (Beckenrand) und erklettern den nächstliegen-

Klimadaten aus dem Verbreitungsgebieten von *Lophognathus longirostris* und *Lophognathus temporalis*

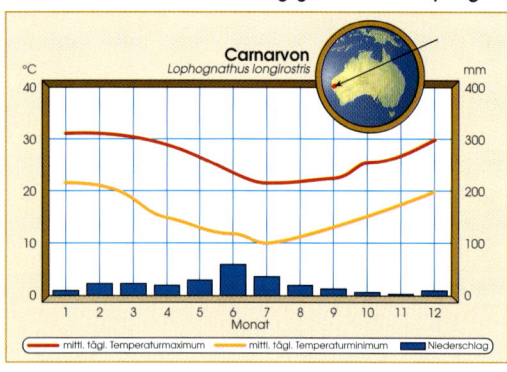

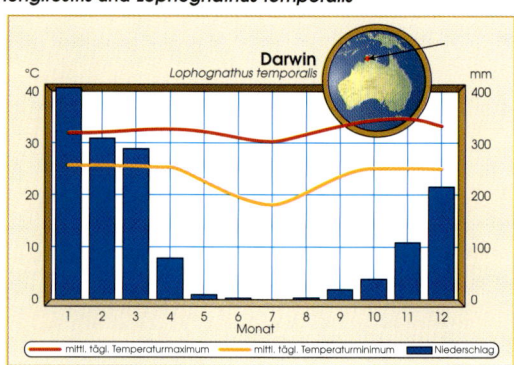

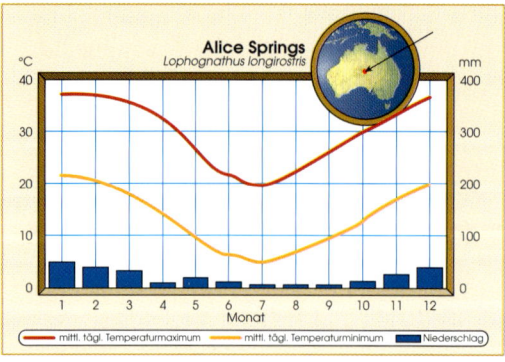

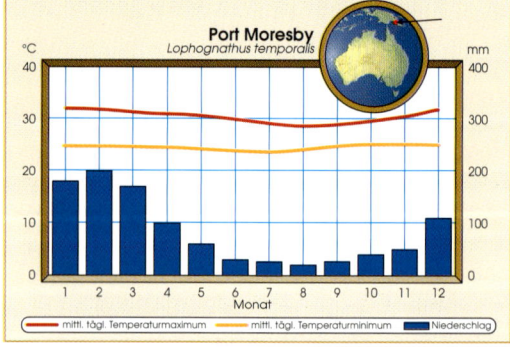

Drohendes Männchen von _Lophognathus temporalis_ Foto: H. Zwartepoorte & M. Vriens

den Stamm." An heißen Tagen schienen die Agamen das Wasser auch zur Abkühlung zu nutzen. Meine eigenen _L. temporalis_ aber gehen nur selten ins Wasser, wesentlich weniger jedenfalls als _Physignathus_.

Die _Lophognathus_-Arten scheinen in sehr großen Populationsdichten vorzukommen (BAEHR 1976; NORBERT SCHUSTER pers. Mittlg.) BAEHR zählte auf einer Strecke von 1,5 km 18 Exemplare von _L. longirostris_. _Lophognathus_ scheint relativ standorttreu und territorial zu sein. Kommt ein _Lophognathus_ in das Revier eines anderen, so beginnt dieser mit dem agamentypischen Imponiergehabe. Der Eindringling wird zunächst mit dem charakteristischen Kopfnicken begrüßt. „Dieses Nicken steigert sich und wird derartig heftig, dass der ganze Körper mitgerissen wird" (STETTLER 1960). Im Weiteren werden dann Kehle und Halskrause aufgebläht, um möglichst imposant und furchterregend auf den Gegner zu wirken. Auch das Breitseitimponieren kann bei den Tieren beobachtet werden. Kurzum, ein solches

Drohen ist ein echtes Spektakel. Zieht sich der Gegner nicht daraufhin bereits zurück, verschärft sich die Auseinandersetzung. Die Kontrahenten gehen mit geöffnetem Maul und größtmöglich aufgestellter Halskrause aufeinander zu, dabei werden durch Schwanzbewegungen noch Schläge angedeutet. Schließlich gibt einer der beiden auf und flüchtet, worauf er noch über eine kurze Strecke vom Überlegenen verfolgt wird.

BLAMIRES (1998) beobachtete, dass adulte Männchen von _L. temporalis_ den menschlichen Beobachter annicken, bevor sie flüchten, was eine Interpretation der Verhaltensweise als Drohgebärde bzw. Bluff nahelegt. Schnelles Armwinken konnte BLAMIRES nur bei Tieren auf dem Boden beobachten, und ausschließlich, bevor die Agamen zur Flucht ansetzten und wenn kein Artgenosse in Sichtweite war. Ähnliches beschreibt WITTEN (1993). Vermutlich dient es daher entweder der Ablenkung eines potenziellen Angreifers, bevor das Tier davonsprintet, oder es soll signalisieren, dass die Agame den

Gegner erkannt hat; es hätte dann etwa die Bedeutung: „Du kriegst mich doch sowieso nicht, also lauf gar nicht erst hinterher".

Zumindest *L. gilberti* ist in der Lage, die Nacken- und Rückenhaut zu einem hohen Kiel aufzurichten (WORRELL 1963). Möglicherweise dient dieses in ähnlicher Form noch von einigen wenigen Agamen (MANTHEY 2000) bekannte Verhalten der Vergrößerung der Einstrahlfläche für Sonnenstrahlen; nach WORRELL wird es über eine Stunde aufrecht erhalten.

Lophognathus ernähren sich von Kleintieren aller Art, die sie überwältigen können: Insekten, Spinnentieren u. Ä., aber auch kleineren Echsen.

Alle Arten sind sehr lebhaft und flink. Bei Annäherung pressen sie sich zunächst an den Ast oder Stamm, auf dem sie sitzen. Wird bei *L. longirostris* die Fluchtdistanz von 2–3 m unterschritten, stürzen sie blitzschnell davon und flüchten nur auf den Hinterbeinen rennend (BAHER 1976): „Das Tier erhob sich sofort auf die Hinterbeine und überwand halbmeterbreite Klüfte in der ausgedehnten Gesteinsplatte und Höhenunterschiede von 30 cm mühelos durch Springen. Beim Rennen wurde der Rumpf sehr hoch gehalten (geschätzter Winkel: über 60°), während der lange Schwanz größtenteils waagerecht getragen wurde und sich nur an der Spitze nach oben krümmte". Dabei wurden Geschwindigkeiten

von 22–24 km/h gemessen. BLAMIRES (1999) untersuchte das Fluchtverhalten bei *L. temporalis*. Befanden die Streifen-Wasseragamen sich auf Bäumen, flüchteten sie später und meist nur auf die andere, dem Eindringling gegenüberliegende Seite des Stamms oder Astes. Nur wenn sie auf Ästen ohne Deckung (Blätter) saßen, sprangen sie in benachbarte Büsche. Wurden sie auf dem Boden aufgeschreckt, flohen sie direkt zum nächsten Versteck, wo sie sich verbargen. Die Fluchtdistanz lag bei 1–2 m.

4.6 Haltung im Terrarium

Zur Haltung von *Lophognathus* liegen kaum Erfahrungen vor. Da aus Australien seit den 70er-Jahren keine Tiere mehr importiert werden und es bei uns keine Terrarienbestände von *L. longirostris* und *L. gilberti* (mehr) gibt, ist heute nur noch *L. temporalis*, die Streifen-Wasseragame, von Interesse, da die Tiere regelmäßig von Neuguinea eingeführt werden. Es liegen nur zwei Haltungsberichte über *L. gilberti* von STETTLER (1960) und HENKEL & SCHMIDT (1997b) vor sowie kurze Anmerkungen über *L. longirostris* von VOGEL (1969); MANTHEY & SCHUSTER (1992) geben Empfehlungen für die Haltung aller Arten, HENKEL & SCHMIDT (1997b) für *L. temporalis*.

Entsprechend ihrer Lebensweise benötigen die Tiere Terrarien mit ausreichend Klettermöglichkeiten und viel Platz. MANTHEY & SCHUSTER empfehlen für ein Pärchen 120 cm x 120 cm x 80 cm, HENKEL & SCHMIDT veranschlagen ein Terrarienvolumen von 1 m³, STETTLER pflegte zwei Pärchen in einem Terrarium der Maße 190 cm x 160 cm x 65 cm. Ich selbst halte ein Pärchen *L. temporalis* in einem 150 cm x 70 cm x 100 cm großen Becken. Die Art kann unter denselben Bedingungen wie die Grüne Wasseragame gepflegt werden. Im natürlichen Verbreitungsgebiet liegt die Regenzeit allerdings zeitversetzt (da Südhalbkugel) ungefähr von November bis April (s. Klimadiagramme). *L. temporalis* ist sonnenhungriger als die Grüne Wasseragame, weshalb auf einen Sonnenplatz (durch einen Spotstrahler) nicht verzichet wer-

Terrarium für *Lophognathus temporalis* Foto: H. Werning

Trächtiges Weibchen von *Lophognathus longirostris* Foto: M. Vriens

den darf. UV-Licht ist sicherlich hilfreich bei der Haltung. Die Neuguinea-Wasseragame gewöhnt sich nach meiner Erfahrung oft nur sehr langsam ein und bleibt häufig sehr schreckhaft. Sie ist offenbar auch schwerer zur Vermehrung zu bringen als *Physignathus*. Zur Stimulation und Synchronisation sollte der Wechsel von Regen- und Trockenzeit eingehalten werden, also relativ trockene Haltung von März bis August, feuchte Haltung von September bis Februar.

Ein Pärchen verträgt sich problemlos. Unterschiedliche Angaben liegen zur Sozialstruktur im Terrarium vor: Während STETTLER im oben genannten Becken zwei Pärchen *L. gilberti* hielt, ohne dass es zu ernsteren Auseinandersetzungen gekommen wäre, berichten HENKEL & SCHMIDT bei derselben (?) Art über völlige Unverträglichkeit sowohl der Männchen als auch der Weibchen gegenüber Geschlechtsgenossen. Ich halte ein Männchen und zwei Weibchen von *L. temporalis*, ohne dass es bislang zu erkennbaren Schwierigkeiten zwischen den Weibchen gekommen wäre.

4.7 Ernährung

Die *Lophognathus*-Arten ernähren sich überwiegend von Insekten und anderen Wirbellosen. VO-GEL (1969) berichtet von *L. longirostris*, dass dieser auch nestjunge Mäuse und Vögel fresse. Bei mir nahmen große Exemplare von *L. temporalis* nestjunge Mäuse an.

4.8 Fortpflanzung

Angaben zur Fortpflanzung sind bislang spärlich. Alle Arten dürften wohl einen saisonalen Reproduktionsrhythmus einhalten.

L. temporalis und *L. gilberti* legen in der Trockenzeit teilweise eine Phase der Inaktivität ein (CHRISTIAN et al. 1999; GREER 1990; JAMES & SHINE 1985). Ab der Mitte der Trockenzeit verringern die Tiere ihre Aktivität, reduzieren den Stoffwechsel und senken durch Thermoregulationsverhalten die Körpertemperatur, um Energie zu sparen. Dies hängt vermutlich mit der geringeren Verfügbarkeit von Futtertieren zusammen. Teilweise ziehen die Agamen sich nun in ihre Verstecke zurück, wenn auch vor allem die Jungtiere eine gewisse „Restaktivität" die gesamte Trockenzeit über aufrecht erhalten. Die Fortpflanzungssaison ist für *L. temporalis* direkt an die Regenzeit gekoppelt und dauert in Darwin von September bis Februar.

Auch bei *L. gilberti* und *L. longirostris* erstreckt

Jungtier von *Lophognathus gilberti* im Terrarium
Foto: W. Schmidt

4.9 Die *Lophognathus*-Arten

4.9.1 *Lophognathus gilberti*

1842	*Lophognathus gilberti* GRAY: 53. – Terra typica: North Coast of New Holland, Port Essington
1867	*Redtenbacheria fasciata* STEINDACHNER: 31. – Terra typica: „Neu-Holland"
1867	*Grammatophora temporalis* (part.) GÜNTHER: 52.
1885	*Physignathus gilberti* BOULENGER: 396.
1926	*Physignathus incognitus* AHL: 190. – Terra typica: „Australia"
1974	*Amphibolurus gilberti* COGGER & LINDNER
1983	*Gemmatophora gilberti* STORR et al.: 48.
1992	*Amphibolorus centralis* EHMANN: 103.

Unterart
1933	*Physignathus gilberti centralis* LOVERIDGE: 71. – Terra typica: Anningie, 42 km NW of Tea Tree Well, Northern Territory

sich die Fortpflanzungssaison auf die Regenzeit bzw. den Sommer von September bis Mai. *L. gilberti* soll 4–12, *L. temporalis* 2–6 und *L. longirostris* 3–15 Eier pro Gelege absetzen (COGGER 2000; HENKEL & SCHMIDT 1997b). In einer Saison können die Weibchen zwei Gelege produzieren. Bei 26 °C benötigen die Jungtiere von *L. gilberti* 47 Tage bis zum Schlupf, bei 30 °C nur 47 Tage (HENKEL & SCHMIDT 1997b).

Jungtier von *Lophognathus gilberti* Foto: G. Shea

Lophognathus gilberti Foto: U. Schuster

L. gilberti ist nach dem englischen Naturforscher John Gilbert benannt, der 1840–41 die Tiere sammelte, nach denen GRAY die Art und Gattung 1842 beschrieb.

Der Status der 1933 von LOVERIDGE beschriebenen Unterart *L. g. centralis* ist unklar. Während STORR (1974) sie führt, erhebt EHMANN (1992) sie in den Artstatus, während COGGER (1992, 2000) sie nicht aufführt, jedoch anmerkt, dass sich hinter *L. gilberti* „nahezu sicher ein Komplex aus mindestens drei Arten" verberge.

Körperbau und Beschuppung

Der dreieckige Kopf von *L. gilberti* ist etwas lang gezogen und steht damit im Kontrast zu dem – im Vergleich zu den anderen Arten der Gattung – fülligeren Körper. Der rundliche, bei erwachsenen Männchen leicht seitlich zusammenge-

drückte Schwanz ist sehr lang und nimmt etwa drei Viertel der maximal 60 cm Gesamtlänge dieser Agame ein. Auf den Montebello-Inseln ist die Art zwergwüchsig und erreicht nur eine Gesamtlänge von etwa 40 cm (MONTAGUE 1914).

Nackenkamm mäßig groß, auf dem Rücken weiter als eine einer Säge ähnlichen Reihe vergrößerter Schuppen entlang der Wirbelsäule. Körperbeschuppung relativ einheitlich. Größe der Schuppen nimmt von der Wirbelsäule an ab. Die Kiele der in regelmäßigen Reihen angeordneten Rückenschuppen sind parallel zur Wirbelsäule ausgerichtet. Rücken und Flanken durch Hautfalte getrennt (Dorsolateralfalte), mit leicht vergrößerten Schuppen. Seiten mit sehr kleinen Schuppen. Hinterer Rand der Backen mit vereinzelten großen Tuberkelschuppen, einige kleinere zusätzlich in der Nackenregion. Bauchschuppen sehr schwach, die der Kehle gar nicht gekielt. Letztere überlagern sich dachziegelartig und werden zu den Mundwinkeln hin etwas größer. Je 2–4 Femoral- und 2–3 Präanalporen.

L. g. centralis ist noch etwas schlanker, sein Schwanz ist länger und nimmt 80 % der Gesamtlänge ein. Somit erreichen die Tiere bei einer KRL von nur 7–12 cm eine Gesamtlänge von 36–46 cm. Nacken- und Rückenkamm sind stärker ausgeprägt. Parallel zum Rückenkamm sind lediglich die Kiele der 2–3 innersten Schuppenreihen ausgerichtet. Die vergrößerten Schuppen am Unterrand des Dorsolateralstreifens sind stärker vergrößert.

***Lophognathus gilberti* vom Waterfall Creek** Foto: U. Schuster

Lophognathus gilberti centralis, Northern Territory Foto: G. Shea

Färbung

Die Grundfärbung ist beige, rotbraun oder gräulich. Im auffälligen Kontrast dazu steht der weiße, etwa 4–5 Schuppen breite Dorsolateralstreifen, der von der Schwanzbasis bis zum Nacken verläuft und sich zwischen Ohr und Auge fortsetzt. Die Helligkeit dieses Bandes kann das Tier drastisch ändern. Eine Vielzahl dunklerer oder hellerer, unregelmäßig angeordneter Flecken und Sprenkel lockert die Rückenfärbung auf. Die Flanken sind etwas dunkler gefärbt und oft ebenfalls mit Flecken gezeichnet. Der Schwanz zeigt eine helle, undeutliche Bänderung.

Zwischen Auge und Trommelfell liegt ein dunkles Feld. Ein großer weißer oder geblicher Streifen beginnt an der Schnauzenspitze und läuft über die Ober- und Unterlippen bis hin zur Rückseite der Mundwinkel. Dort vereint er sich bei einem Teil der Tiere mit dem Dorsolateralstreifen. Die Bauchseite ist weißlich gefärbt, bei den Weibchen zudem mit grauen Flecken versehen.

Bei *L. g. centralis* ist der hintere Teil des Dorsolateralstreifens reduziert oder durch dunkle Flecken unterbrochen, die ihrerseits unregelmäßige Querbalken auf dem Rücken bilden können. Der weiße Streifen zwischen Auge und Ohr fehlt oft ganz.

Verbreitung

L. gilberti ist in Nordaustralien weit verbreitet. Nach Osten kommt er bis an die westlichen Ausläufer der Ostaustralischen Kordillere in Queensland vor. Im Süden wird die Grenze von South Australia erreicht, in Western Australia die Linie Halls Creek/Fitzroy River. Außerdem kommt die Art auf den vorgelagerten Inseln des Dampier-Archipels und den Montebello-Inseln vor, wo sie zwergwüchsig ist. *L. g. centralis* bewohnt den trockeneren Teil des Verbreitungsgebietes in Zentralaustralien, im Northern Ter-

Verbreitungsgebiet von *Lophognathus gilberti*

4.9.2 *Lophognathus longirostris*

1883 *Lophognathus longirostris* BOULENGER: 225.
 – Terra typica: „Champion Bay, N.W.
 Australia"
1885 *Physignathus longirostris* BOULENGER: 397
1909 *Physignathus eraduensis* WERNER: 275. –
 Terra typica: „Eradu, Western Australia"
1924 *Physignathus longirostris quattuorfas-
 ciatus* STERNFELD: 236. – Terra tpyica: „Am
 oberen Finke-River, südlich der
 Macdonnel Ranges"
1974 *Amphibolorus longirostris* COGGER &
 LINDNER
1983 *Gemmatophora longirostris* STORR et al.:
 49

Die wörtliche Übersetzung des Artnamens
„longirostris" lautet „langschnäuzig".

ritory etwa von Larrimah bis zum 24. Breitengrad.
STORR (1974) berichtet von einer Mischform zwischen *L. g. gilberti* und *L. g. centralis* mit intermediä-
ren Schuppenmerkmalen im Gebiet von Victoria
und Roper River.

Biotop

L. gilberti besiedelt eine Vielzahl unterschiedlicher
Biotope und kann von den Savannen über offene
Wälder oder Buschland bis in die Sumpfrandgebie-
te, Mangroven und Wüsten-Sanddünen gefunden
werden. *L. g. centralis* bewohnt felsige Hügel im offenen Busch- und Grasland.

L. gilberti vom Mt. Kaputar, New South Wales.
Foto: G. Shea

Körperbau und Beschuppung

Der lang gezogene Kopf, der sehr schlanke Körperbau und der lange Schwanz lassen *L. longirostris*
besonders zierlich erscheinen. Die KRL der Tiere
beträgt nur 11 cm, der Schwanz ist jedoch 3,5 mal
länger. Ein kleiner Schuppenkamm verläuft auf dem
Nacken und – noch niedriger – auf dem Rücken. Der
Rücken ist mit einheitlich kleinen Schuppen besetzt,
deren Kiele schräg nach hinten zur Wirbelsäule zeigen. Die Bauchschuppen sind nur gering, die Kehlschuppen kaum oder gar nicht gekielt. Das Nasenloch liegt von Schnauzenspitze und Auge ungefähr
gleich weit entfernt. Je 4–11 Femoral- und 1–4 Präanalporen.

Färbung

L. longirostris zeigt eine rotbraune Grundfärbung
und auf jeder Seite einen auffälligen Dorsolateralstreifen, der durch seine weiße oder gelbliche Färbung einen schönen Kontrast dazu bildet. Dieser
Streifen verläuft als Trennlinie zwischen Rücken und
Flanken von der Schläfe bis zur Schwanzbasis. Über
die hinteren zwei Drittel der Flanken verläuft mittig
je ein schmaler, heller Streifen. Bei vielen Tieren wird

hübschen Agamen bis an den Rand der Great Victoria Desert und den Murchison River, nach Osten schließlich bis in den Westen von Queensland vor.

Biotop

Oft ist *L. longirostris* in der Nähe von Wasser zu Hause, doch THOMSON & HOSMER (1963) fanden diese extrem flinken Agamen auch in der Great Sandy Desert weitab von jedem Oberflächenwasser. Stellenweise ist die Art sehr häufig (GREER 1990).

Die Echse wird in Bäumen, Sträuchern oder auf Steinen gefunden; in besonders großer Dichte kommt sie in den Eukalyptusbäumen der Art *Eucalyptus camaldulensis* entlang von Wasserläufen vor (STORR 1974). Gerne besiedelt sie außerdem felsiges Gelände, in der Great Sandy Desert wurde sie aber auch auf Sandboden gesichtet. Zuflucht sucht sie bevorzugt in Astlöchern und kleinen Höhlen der Bäume ebenso wie in Felsspalten.

Männchen von *Lophognathus longirostris* aus der Simpson Desert
Foto: H. Zwartepoorte & M. Vriens

der Rücken durch schmale, dunkle Querstreifen gezeichnet, er kann aber auch gepunktet oder einheitlich mehr oder weniger dunkel sein. Auf dem Unterkiefer verläuft bis zu dessen hinterem Rand ein helles Band. Hinter der Ohröffnung befindet sich ein schwarzer Fleck, der einen kleinen, weißen Punkt umschließt. Der Kopf kann auffällig rötlich gefärbt sein, besonders bei Männchen. Undeutliche blassbraune Querbänder zeichnen die Gliedmaßen und den Schwanz. Die Kehle zeigt oft eine bräunliche Färbung, auf der gelgentlich weiße Punkte zu sehen sind.

Verbreitung

L. longirostris ist in West- und Zentralaustralien von der Küste bis in das Landesinnere weit verbreitet. Die nördliche Verbreitungsgrenze bildet der Fitzroy River in Western Australia und der Tennant Creek im Northern Territory. Nach Süden hin kommen diese

Verbreitungsgebiet von *Lophognathus longirostris*

4.9.3 *Lophognathus maculilabris*

1883	*Lophognathus maculilabris* BOULENGER: 226. – Terra typica: „Timor Laut Islands"
1885	*Physignathus maculilabris* BOULENGER: 398

Der Artname bedeut etwa „mit gefleckter Lippe".

4.9.4 *Lophognathus temporalis*

1845	*Lophognathus gilberti* (partim) GRAY: 250.
1867	*Grammatophora temporalis* (partim) GÜNTHER: 52. – Terra typica: „Port Essington, Nicol Bay", Northern Territory
1877	*Lophognathus lateralis* MACLEAY: 103. – Terra typica: „Katow (Binaturi River)", Papua-Neuguinea
1883	*Lophognathus labialis* BOULENGER: 225. – Terra typica: „Port Essington", Northern Territory
1885	*Physignathus temporalis* BOULENGER: 397.
1974	*Amphibolurus temporalis* COGGER & LINDNER.
1983	*Gemmatophora temporalis* STORR et al.: 71.

Der Artname „temporalis" bezieht sich auf die schwarze Zeichnung zwischen Auge und Trommelfell (tempora = Schläfe). Als deutsche Bezeichnungen hat sich im Handel der Name Neuguinea-Wasseragame etabliert.

Bei *L. maculilabris* handelt es sich um eine einigermaßen mysteriöse Art. Die Beschreibung BOULENGERs basiert auf zwei Weibchen von den Timor-Laut-Inseln (BOULENGER 1883, 1885). Offenbar ist die Art danach nicht weiter beachtet oder nicht mehr gefunden worden. Nach DE ROOIJ (1915), die sich aber auf dieselben zwei Belegstücke bezieht, wird sie nur noch von WERMUTH (1967) aufgeführt. Über mehr Material oder ökologische Beobachtungen ist in der Literatur nichts zu finden. Daher wäre es sicher sinnvoll, dieses Taxon wissenschaftlich auf den Prüfstand zu stellen, und, falls sie sich nach eingehenderer Betrachtung überhaupt als gute Art erweist, zu versuchen, weitere Informationen von ihren Heimatinseln zu erlangen.

KRL 9,8 cm, Schwanzlänge 29 cm. Stumpfschnäuzig. Kopf und Kehle mit sehr stark gekielten Schuppen. Obere Dorsalschuppen stark gekielt, zu den Flanken hin kleiner werdend, Kiele einheitlich nach oben gerichtet. Ventralia stark gekielt und größer als die Dorsalia. Kleiner Kamm auf dem vorderen Schwanzbereich. Beide Weibchen ohne Femoral- oder Präanalporen. Färbung fraglich, da anhand konservierter Exemplare beschrieben. Von der Schnauze über den Rücken bis zum Schwanz und bis auf die Gliedmaßen mit schwarzen, weiß eingefassten Querstreifen. Schwarzer Streifen von der Schnauzenspitze bis zum Ohr, nach unten von einem weißen Band begleitet, das sich bis auf die Vorderbeine zieht. Schwarze Linien sternförmig vom Auge ausgehend. Schwanzbasis mit ovalen dunklen, hell eingerahmten Flecken. Unterseite weißlich mit dunklen Punkten.

Körperbau und Beschuppung

Diese Agame erreicht eine KRL von etwa 10–11 cm; der Schwanz ist nach COGGER (1993) etwa dreimal, nach STORR (1974) 3,6- bis 4,6mal länger. Die Gesamtlänge beträgt also 30–45 cm. Dabei wiegen ausgewachsene Tiere nur etwa 35 g. Trotz ihres schlanken Körperbaus wirken die Echsen sehr muskulös.

Nacken- und niedrigerer Rückenkamm aus vergrößerten, stacheligen Schuppen. Kämme der Männchen deutlich größer. Rücken mit kleinen, einheitlichen Schuppen, deren Kiele diagonal nach hinten zum Kamm zeigen. Am hinteren Rand der Backen einzelne, stark vergrößerte Tuberkelschuppen. Nasenloch der Schnauzenspitze näher als dem Auge. Kehlschuppen glatt, Ventralia größer als Dorsalia, mäßig bis stark gekielt. Einige Tiere mit Dorsolateralfalte. Kehlfalte stark ausgeprägt. 1–3 Femoralporen und 1–2 Präanalporen.

Adultes Männchen von *Lophognathus temporalis* in Kununurra, Northern Territory
Foto: H. Zwartepoorte & M. Vriens

streifen von der Schwanzbasis bis zum Nacken, der sich über den Unterkiefer bis zur Schnauzenspitze fortsetzt. Im Lippenbereich verläuft ein Teil des Bandes schräg nach oben, um zwischen Auge und Nasenloch zu enden. Ein dunkler Fleck ziert meistens den Raum zwischen Auge und Trommelfell. *L. temporalis* kann diesen Streifen, besonders im vorderen Bereich, in kürzester Zeit von einer matten Färbung zu strahlender Helligkeit umfärben. Außerdem ist der Dorsolateralstreifen oft noch mit undeutlichen, dunkleren Flecken oder Bändern versehen. Besonders auf dem vorderen Abschnitt des Rückens sind unregelmäßige, dunkle Querbänder zu sehen. Auf den bräunlichen Beinen und dem Schwanz erkennt man angedeutete Querbänder oder Flecken. Die Kehle ist weißlich, grau, oder es zeigen sich graue Flecken auf weißlichem Grund.

Färbung

Die Streifen-Wasseragame zeigt als hübsche Zeichnung die grau- oder rotbraune Grundfärbung und auf den Seiten den breiten, hellen Dorsolateral-

Verbreitung

Die Streifen-Wasseragame lebt an der Nordküste Australiens, nördlich des Kimberley-Plateaus bis zur Halbinsel Cape York. Außerdem wird die Art an der Südküste Neuguineas und auf den Inseln/Inselgruppen Tanimbar, Damma, Babber, Timor Laut und Kei gefunden.

Verbreitungsgebiet von *Lophognathus temporalis* (schwarz) und *L. maculilabris* (rot)

Biotop

L. temporalis wird der Bezeichnung „Wasseragame" eher gerecht als die anderen Arten der Gattung. Diese hauptsächlich baumbewohnenden Tiere leben in den Wäldern und Gehölzen in der Nähe von Sümpfen, Bächen, Lagunen und anderen Gewässern, in die sie bei Gefahr flüchten. Sie sind auch Kulturfolger, die beispielsweise in großer Populationsdichte in den Parks und Gärten im Großraum Darwin vorkommen (BLAMIRES 1999).

5. Segelechsen – die Gattung *Hydrosaurus*

Es ist schon merkwürdig: Bei den Segelechsen handelt es sich um die größten Agamen überhaupt, zudem sind es ungewöhnlich imposante, prächtige, geradezu Ehrfurcht gebietende Tiere. Seit geraumer Zeit sind sie regelmäßig im Tierhandel vertreten, und auf ihren Heimatinseln sind sie alles andere als Unbekannte, denn auch dort werden sie gehandelt und gehalten, außerdem gegessen. Blickt man jedoch in die Literatur, scheint es fast, als hätten diese eindrucksvollen Riesenagamen so gut wie keine Spuren hinterlassen, denn es gibt kaum mehr als zwei Hand voll wissenschaftlicher Veröffentlichungen. Die Taxonomie dieser Gattung ist schlichtweg völlig ungeklärt.

Hydrosaurus amboinensis (Benteng Karang, Ambon) Foto: G. Visser

5.1 Namen und Taxonomie

1827   *Lophura* GRAY: 57.
1828   *Hydrosaurus* KAUP: 1147. – Species
typica: *Hydrosaurus amboinensis*
1837   *Istiurus* (partim) DUMÉRIL & BIBRON: 376.

Engl. Namen: Sail-tailed Lizards, Sail-finned
Lizards

Der Gattungsname *Hydrosaurus* bedeutet „Wasserechse". Der ursprünglich von GRAY (1827) gewählte Name *Lophura* war bereits zuvor an einen Hühnervogel vergeben, weshalb er für die Benennung der Segelechsen ungültig wurde (BARTS 1997).

Trotz der weiter unten aufgeführten Zweifel an der taxonomischen Situation gelten derzeit allgemein drei Arten mit folgenden Verbreitungsgebieten als anerkannt (BARTS 1997; EMBL-REPTILIENDATENBANK 2002; VISSER 1984; VISSER & VAN DER KOORE 1990; WERMUTH 1967):

Hydrosaurus amboinensis

1768   *Lacerta amboinensis* SCHLOSSER: 1–19. –
Terra typica: Amboina
1802   *Lacerta lophura* SHAW: 218. –
Terra typica: nicht angegeben
1845   *Lacerta javanica* HORNSTEDT in GRAY: 246
(nomen nudum). – Terra typica: Java
1845   *Lophura shawii* GRAY: 247 (nomen
substitutum für *L. amboinensis*,
L. lophura und *L. javanica*).
1860   *Istiurus microlophus* BLEEKER: 80. –
Terra typica: Makassar
1872   *Lophura celebensis* PETERS: 581. –
Terra typica: Ufer des Flusses von Posso
in der Bai von Tomini, Celebes
1873   *Lophura amboinensis* GÜNTHER: 168.

Lokaler Name: Soa-Soa
Verbreitung: Ambon, Ceram, Neuguinea
Der Artname „amboinensis" bezieht sich auf die Herkunftsinsel Ambon.

Pärchen von *Hydrosaurus amboinensis (H. microlophus)* von Sulawesi Foto: F.B. Yuwono

Bis die Systematik der Segelechsen zufriedenstellend geklärt ist, werden noch umfassende Untersuchungen erforderlich sein. Hier wird *H. pustulatus* auf der Philippinen-Insel Polillo vermessen. Foto: D. Bennet

Hydrosaurus pustulatus

1829	*Istiurus pustulatus* Eschscholtz: 2, Pl. 7. – Terra typica: Insel Luzon
1835	*Lophura pustulata* Wiegmann: 207.
1856	*Histiurus pustulatus* Lichtenstein & von Martens: 10
1885	*Histiurus pustulosus* Boulenger: 402

Lokale Namen: Ibid (in der Visayas-Region), Balubrid (in Tagalog, auf Teilen Luzons), Huntiango (in Ilocano, auf Teilen Luzons), Kalyado
Verbreitung: Philippinen (auf allen größeren Inseln, mit Ausnahme der Insel Palawan und deren Satelliten-Inseln sowie den Inseln des Sulu-Archipels).

„Pustulatus" heißt wörtlich „mit Bläschen versehen". Ob sich dieser Name auf den Nasenaufsatz oder z. B. die vergrößerten Flankenschuppen bezieht, bleibt unklar.

Hydrosaurus weberi

1911	*Hydrosaurus weberi* Barbour: 20. – Terra typica: Weeda, Halmahera
1915	*Lophura weberi* de Rooij: 130.

Verbreitung: Halmahera und Ternate
Der Artname ehrt den Wissenschaftler Max Weber, Amsterdam, für seine Verdienste um die Erforschung der Zoogeographie der „Niederländisch Ost-Indischen" Inseln (z. B. Weber 1890).

Als Artkriterien wurden hauptsächlich die Ausbildung des Schnauzenaufsatzes (eine Erhebung mit vergrößerten und gekielten Schuppen vorne auf der Schnauze), der Schnauzenkamm (der auf dem Schnauzenaufsatz, sofern vorhanden, steht), der Übergang zwischen Nacken- und Dorsalkamm sowie die Ausbildung und Anordnung der vergrößerten Flankenschuppen herangezogen. Wie jedoch von Gaulke (1989) diskutiert, handelt es sich dabei nicht um gute taxonomische Merkmale, da sie selbst innerhalb einer Population stark schwanken. Für alle angeblich artcharakteristischen Merkmale konnte sie entweder Gegenbeispiele innerhalb der-

Semiadultes Weibchen von *Hydrosaurus pustulatus* von Panay Foto: M. Gaulke

selben Population finden oder Vertreter anderer Arten, die das Merkmal ebenfalls aufwiesen. Gleichzeitig zeigen sich erhebliche Schwankungen in der Ausbildung dieser Merkmale auch zwischen Jungtieren und Adulti sowie zwischen den Geschlechtern.

Der Färbung und Zeichnung wurde in der Regel bislang wenig bis keine Beachtung geschenkt, da diese bei konservierten Exemplaren, die den meisten Bearbeitungen zu Grunde lagen, verloren geht. Dabei fällt der große Farbunterschied zwischen einigen Formen bei der Betrachtung lebender Tiere (s. Fotos) stark auf. Allerdings kommt erschwerend hinzu, dass Segelechsen über einen ausgeprägten physiologischen Farbwechsel verfügen. Bei niedrigen Temperaturen sind sie sehr dunkel gefärbt.

Die heute generell nicht anerkannte Art **H. microlophus** von Sulawesi (von BLEEKER 1860 beschrieben; 1872 erfolgte eine weitere Beschreibung von PETERS als *Lophura celebensis*) wurde von BARBOUR (1911) zwar anerkannt, aber bereits von BOULENGER (1885) begründungslos als Synonym von *H. amboinensis,* von KOPSTEIN (1924) lediglich als Varietät von *H. amboinensis* eingestuft. Auch WERMUTH (1967) und VISSER (1984) bewerteten aufgrund der zitierten Arbeiten die Tiere von Sulawesi (= Celebes) als Synonym von *H. amboinensis*. VISSER & VAN DER KOORE (1990) beobachteten aber auf Sulawesi Tiere, die sie vom Aussehen eher an die philippinische *H. pustulatus* erinnerten als an *H. amboinensis,* der eigentlich auf Sulawesi vorkommen sollte. Sie vermuten, dass es sich dabei doch um eine eigenständige Art handeln könnte, eben *H. microlophus*. De facto setzt sich ausgerechnet *H. microlophus* durch seine relativ einheitlich bräunliche Färbung sehr deutlich von allen anderen Segelechsen ab. Gerade *H. amboinensis,* mit dem *H. microlophus* synonymisiert wurde, hat eine ausgesprochen auffällige und prächtige Färbung. Außerdem sind nur bei *H. microlophus* die vergrößerten Flankenschuppen offenbar immer in deutlichen, über die gesamte Seite ziehenden Querreihen angeordnet. Es ist daher wahrscheinlich, dass eine gründliche taxonomische Revision zu einer Revalidisierung dieser Art führen wird. Falls nicht, handelt es sich bei *H. amboinensis* aber mindestens um eine Art mit zwei klar unterscheidbaren Formen.

Prächtiges Männchen von *Hydrosaurus weberi* aus dem Tierhandel Foto: M. Schmidt

Detailansicht des Segels eines _Hydrosaurus weberi_ Foto: M. Schmidt

In seiner Erstbeschreibung von **H. weberi** bezieht BARBOUR (1911) sich auf Merkmale, die unregelmäßig oder auf die individuelle Biographie des untersuchten Holotyps zurückzuführen sind (GREGORY WATKINS-COLWELL, schriftl. Mittlg.). Hierzu gehört ein deutlicher Schnauzenaufsatz; allerdings wurden auch _weberi_-Tiere gefunden, bei denen dieses Merkmal kaum ausgeprägt ist, wie es eigentlich für _H. amboinensis_ typisch sein soll. Außerdem soll nach BARBOUR (1911) der Rücken-Nacken-Kamm bei _H. weberi_ im Bereich der Schulter unterbrochen sein, bei _H. amboinensis_ und _H. pustulatus_ dagegen nicht. TAYLOR (1922) notiert für _H. pustulatus_ einen „Absatz" durch kleinere Schuppen im Nacken. Eine solche Lücke konnte GAULKE (1989) jedoch wiederum sowohl bei _H. weberi_ als auch bei _H. microlophus_ zeigen. Lässt man also diese für eine Artbeschreibung ungeeigneten Charakteristika weg, bleiben in der Erstbeschreibung nur noch solche übrig, die ebenfalls auf _H. amboinensis_ zutreffen. Aus diesem Grund schlägt WATKINS-COLWELL (1994) die Synonymisierung von _weberi_ mit _H. amboinensis_ vor. Auch MAREN GAULKE (schriftl. Mittlg.) weist auf die morphologische Ähnlichkeit von _weberi_ und _amboinensis_ hin, sowohl was die Ausbildung des Schnauzenfortsatzes als auch die vergrößerten Flankenschuppen betrifft.

In der Lebendfärbung allerdings unterscheiden die Tiere von Halmahera (_H. weberi_) sich offenbar von denen der anderen Inseln (s. Fotos). Sie sind durch einen schwarzen Kopf, einen gelblichen Rücken und weißliche Flanken mit schwarzen Sprenkeln und Flecken gekennzeichnet.

Auch **H. amboinensis** und **H. pustulatus** können offenbar nicht eindeutig aufgrund morphologischer Merkmale getrennt werden. Wahrscheinlich gibt es keinen Holotypus von _H. pustulatus_, sondern lediglich eine Zeichnung in der Erstbeschreibung von ESCHSCHOLTZ (WATKINS-COLWELL 1994); jedenfalls hat ESCHSCHOLTZ sich in seiner Erstbeschreibung auf kein benanntes Museumsexemplar bezogen. BELTERMAN & VISSER (1996) versuchten anhand der Karyogramme (Chromosomenanalyse) Unterscheidungsmerkmale zwischen _H. amboinensis_ von Neuguinea und _H. pustulatus_ von den Philippinen zu finden und scheiterten damit. Vielleicht lag ja schon

BOULENGER (1885) richtig, der *H. pustulatus* in die Synonymie von *H. amboinensis* gestellt hatte?

H. amboinensis ist sehr kontrastreich gefärbt, teils sogar ausgesprochen farbenprächtig. Der Körper ist schwarz und hellgrün marmoriert; die grünen Zeichnungsanteile können vor allem bei Jungtieren und Weibchen auch als Querbinden ausgeprägt sein. Der Kopf ist ebenfalls schwarz-grün gemustert, die Lippenschilde sind grün und von schwarzen „Nähten" eingerahmt. Die vergrößerten Flankenschuppen der Adulti sind teils hellblau, ebenso die Stachelschuppen der Kämme. Mehrheitlich soll der Schnauzenkamm nur durch einige Stachelschuppen angedeutet sein, ein Schnauzenaufsatz fehlt beim „typischen" *H. amboinensis.*

Bei *H. pustulatus* dagegen ist der Schnauzenaufsatz oft sehr stark ausgeprägt, aber dieses Merkmal unterliegt starken individuellen Schwankungen. Da die Tiere von Mindanao mit ihrer schwarzgrünen Marmorierung und den blauen Flankenschuppen zumindest äußerlich *H. amboinensis* entsprechen, wird schon seit einiger Zeit diskutiert, ob sie nicht zu dieser Art gestellt werden müssen (DALLAS ZOOLOGICAL SOCIETY 2002; WATKINS-COLWELL 1994). Allerdings bleibt ein großes Fragezeichen bezüglich der Verbreitung, da die typischen *H. amboinensis* von Ambon und Ceram stammen – Inseln, die wesentlich weiter als

das Verbreitungsgebiet von „*H. microlophus*" und *H. weberi* von Mindanao entfernt sind. Ob es sich also bei den Mindanao-Tieren und *H. amboinensis* tatsächlich um dieselbe Art oder um ähnliche, aber genetisch getrennte Arten handelt, bleibt abzuwarten. Ebenfalls offen ist die Frage, ob die Mindanao-Tiere auch die Ost-Visayas-Subregion der Mindanao-Region bewohnen, oder ob sie tatsächlich auf Mindanao begrenzt sind – bisher sind nur wenige Tiere von dort bekannt (s. unten). WATKINS-COLWELL (1994) kommt aufgrund von ihm untersuchter Museumsexemplare zu dem Schluss, *H. amboinensis* bewohne im Süden und Osten der Philippinen nicht nur Mindanao, sondern auch die Inseln Leyte und Bohol in der Ost-Visayas-Subregion, Cebu in der West-Visayas-Region sowie Catanduanes in der Luzon-Region. Die Tiere auf Samar (Ost-Visayas-Subregion) seien vermutlich Hybriden zwischen *H. amboinensis* und *H. pustulatus* oder stellten eine eigene Art dar. Diese Daten sind aber nie wissen-

Porträt von *Hydrosaurus weberi*
Foto: M. Schmidt

Subadultes Weibchen von *Hydrosaurus weberi* von Halmahera Foto: F. B. Yuwono

schaftlich veröffentlicht worden und widersprechen allen bisherigen Annahmen sowie den gängigen biogeographischen Hypothesen.

Generell sind die philippinischen Segelechsen in ihrer Färbung sehr variabel. Aufgrund der vielen verschiedenen Farbvarianten wird in den letzten Jahren von verschiedener Seite immer wieder darauf hingewiesen, dass unter der philippinischen Art *H. pustulatus* mehrere Spezies zusammengefasst sein könnten. So berichtet die DALLAS ZOOLOGICAL SOCIETY (2002) über angebliche „neue" Segelechsen von Cebu und Panay. Eine wissenschaftliche Bestätigung steht aber bislang aus. Wie auch immer – eine Revision und genauere Untersuchung mit lebenden Tieren gesicherter Fundorte ist dringlich erforderlich.

Da auf den Philippinen sechs Faunenregionen unterschieden werden, die durch eigene Arten- bzw. Unterartengemeinschaften gekennzeichnet sind (s. GAULKE 2001), kann man die Hypothese aufstellen, dass sich innerhalb dieser Faunenregionen verschiedene Segelechsen-Formen entwickelt haben. Zwei dieser Faunenregionen, die im Westen gelegenen Palawan- und Sulu-Regionen, sind allerdings nicht von *Hydrosaurus* bewohnt, womit vier mög-

liche Endemismen-Zentren übrig blieben: die Luzon-Region im Norden, die West-Visayas-Region im Zentrum der Philippinen, die als Unterregion zu Mindanao gehörende Ost-Visayas-Region (auf der man dann folglich eine *H. amboinensis* ähnelnde Form erwarten würde), sowie Mindoro, dessen Fauna allerdings nahe mit der Luzons verwandt ist.

Folgende Beschreibungen liegen bisher vor:

Viele Tiere aus der Luzon-Region weisen ausgewachsen einen geringeren Grünanteil auf und wirken insgesamt etwas trister gefärbt. Besonders farbenprächtige Tiere scheinen von den Inseln der Ost-Visayas (Leyte, Samar, Bohol) zu stammen, die faunistisch nahe mit Mindanao verwandt sind. Ein sehr attraktives, auf einem Straßenmarkt in Cebu City angebotenes adultes Segelechsen-Männchen kam nach der Aussage des Verkäufers vermutlich von Leyte. Dieses Tier fiel durch seine kräftig roten Dorsalkamm-Stachelschuppen und die intensiv blau gefärbten, vergrößerten Flankenschuppen auf (MAREN GAULKE, schriftl. Mittlg.). Die Segelechsen der West-Visayas-Region, zu der u. a. die Inseln Negros, Panay und Cebu gehören, sind untereinander recht ähnlich, zumindest die jüngeren Tiere haben eine ansprechende, grünliche Grundfarbe mit rötlichen

Zeichnungselementen und ähneln *H. amboinensis*. Bei den Erwachsenen verblasst die Farbe etwas.

Zusammenfassend muss leider festgestellt werden, dass die Taxonomie der Segelechsen vollkommen ungeklärt ist. Derzeit kann nicht einmal sicher gesagt werden, ob es sich um eine einzige, sehr variable Art oder um mehrere, voneinander getrennte Spezies handelt. Dieser unbefriedigende Zustand hat mehrere Ursachen. Dazu gehört die große und bisher unzureichend untersuchte Variationsbreite von Tieren innerhalb einer Population, zwischen den Geschlechtern sowie zwischen Jungtieren und Adulti. Das zweite Problem ist, dass Segelechsen sowohl auf den Philippinen als auch in Indonesien gehandelt werden, wobei es durchaus zu einem Austausch zwischen den Inseln kommt. Die Herkunft von auf Märkten angebotenen Tieren ist also keineswegs sicher. Da die Echsen auch auf den Philippinen gerne als Haustiere gehalten werden, besteht zudem die Gefahr, dass sie sich nach Entweichen oder Aussetzen jenseits ihres ursprünglichen Verbreitungsgebiets angesiedelt oder sich gar mit einheimischen Segelechsen vermischt haben. Erst recht gilt diese Problematik für Tiere, die in den internationalen Tierhandel gelangen; hier können überhaupt keine Fundortangaben als sicher gelten. Eine gewisse Unsicherheit bleibt auch bei der Betrachtung von Sammlungsmaterial in Museen, wie das Beispiel des *P. lesueurii* von Neuguinea zeigt (s. Kap. 3.2.5).

Die einzige Möglichkeit, Klarheit in dieses Wirrwarr zu bringen, wäre ein umfassende Expedition, bei der größere Stückzahlen von Tieren vom jeweiligen Fundort untersucht werden. Dabei müssten wohl auch moderne Labormethoden wie DNA-Analysen eingesetzt werden. Solche Vorhaben sind in der Vergangenheit aber am erheblichen logistischen Aufwand sowie der sehr bürokratischen philippinischen Politik gegenüber Forschern, besonders aus dem Ausland, gescheitert.

Eine Folge der taxonomischen Unsicherheit ist, dass die in Veröffentlichungen angegebene Artzugehörigkeit mit großen Fragezeichen zu versehen ist (VISSER 1984a). In den weiteren Abschnitten wird daher nicht mehr nach Taxa differenziert, zumal Segelechsen einander ökologisch offenbar sehr ähnlich sind.

5.2 Beschreibung

Mit einer Gesamtlänge von bis zu 110 cm sind Segelechsen die größten Vertreterinnen ihrer Familie, wobei der Schwanz etwa zwei Drittel der Länge ausmacht. Charakteristisch ist das auffällige und große namensgebende Hautsegel auf dem Schwanz vor allem der Männchen, das in dieser Form einzigartig unter den Agamen ist. Das Schwanzsegel kann mit einer Höhe bis zu 12 cm wirklich riesig werden und lässt manche der Tiere wie Fabelwesen aussehen. Dieser Hautkamm wird von stachelartigen Verlängerungen der Schwanzwirbel gestützt. Hinzu kommen in unterschiedlicher Ausprägung Rücken- und Nackenkämme. Stärker als bei Wasseragamen, aber individuell unterschiedlich stark ausgeprägt, besteht der Rückenkamm aus einer fleischigen Falte, auf deren First sich eine Reihe einzeln stehender Stachelschuppen befindet. Dasselbe gilt für den Nackenkamm, dessen Falte aber oft weniger ausgeprägt ist als bei Wasseragamen. Die Stachelschuppen sind hier dreieckig sowie besonders breit und hoch. Im Nackenbereich gehen die beiden Kämme ineinander über, oder sie reduzieren sich auf eine Erhebung, oder sie sind unterbrochen. Dies wurde für arttypisch gehalten (s. unten), scheint jedoch eher individuell unterschiedlich zu sein. Besonders spektakulär ist auch der Schnauzenkamm. Bei manchen Tieren (vor allem bei *H. pustulatus*) befindet sich auf der Schnauzenspitze ein deutlicher Höcker (Schnauzenaufsatz), auf dem einzelne Stachelschuppen wachsen und einen kleinen Kamm bilden, bei ande-

Hydrosaurus pustulatus von **Polillo** Foto: D. Bennet

ren sitzt ein solcher Kamm ohne Erhebung direkt auf der Schnauze, bei wieder anderen ist er kaum oder gar nicht ausgebildet. Bei den Weibchen fällt der gesamte Zierat mit Ausnahme des Schnauzenkammes meistens deutlich kleiner aus oder ist gar nicht zu erkennen.

Die Beine sind kräftig und lang, die Zehen der Hinterfüße weisen stark vergrößerte, abgeflachte Schuppen auf, die beim Schwimmen hilfreich sind. Bei Jungtieren sind sie stärker ausgebildet.

Die Jungtiere lassen die imposanten Segel und Kämme noch ganz vermissen, ihre Geschlechter sind optisch nicht zu unterscheiden.

Körperbeschuppung aus dachziegelartigen und nach oben ausgerichteten, gekielten Schuppen. Dazwischen einzelne, stark vergrößerte Tuberkelschuppen, ungefähr an der imaginären Trennlinie von Rücken und Flanken. Weitere vergrößerte Schuppen an den unteren Flanken. Diese wurden als artcharakteristisch beschrieben (s. unten), fallen aber offenbar auch von Tier zu Tier sehr unterschiedlich aus. Auf Vorderseite der Vorderbeine drei Reihen vergrößerter Schuppen. Auf Unterseite der Oberschenkel Femoralporen, bei den Männchen stärker ausgebildet.

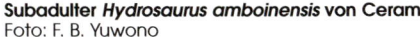
Verbreitungsgebiet von *Hydrosaurus*

5.3 Verbreitung

Segelechsen leben auf verschiedenen Inseln der Philippinen und Indonesiens einschließlich Neuguinea. Sie sind ein charakteristisches Faunenelement der Wallacea, der tiergeographischen Übergangsregion zwischen der Orientalis im Nordwesten und der Australis im Südosten. Diese umfasst verschiedene Inseln Indonesiens, darunter Sulawesi, Halmahera und Ceram, die zum Verbreitungsgebiet von *Hydrosaurus* gehören. Nach HUXLEY wird auch der größte Teil der Philippinen mit Ausnahme der rein orientalischen Palawan-Region im Westen zur Wallacea gerechnet, und genau dieser Bereich des Inselstaates

Subadulter *Hydrosaurus amboinensis* von Ceram
Foto: F. B. Yuwono

Männchen von *Hydrosaurus amboinensis* aus Neuguinea
Foto: H. Zwartepoorte

Semiadulter *Hydrosaurus pustulatus* von Negros mit Schnauzenverletzung
Foto: M. Gaulke

ten sind sie wohl am engsten an das nasse Element gebunden. Sie leben ausschließlich im Tiefland direkt an Flüsse, Bäche, Tümpel und Seen assoziiert, wenn diese mit üppiger Vegetation umgeben sind. Auch Gewässer mit temporärer Meeresverbindung, in denen sich sowohl Salzgehalt als auch Gezeitenschwankungen deutlich bemerkbar machen, werden bewohnt. TAYLOR (1928) gibt sogar an, *Hydrosaurus* könne auch schmalere Kanäle offener See zwischen zwei Inseln überwinden; sollte dies zutreffen, wäre es natürlich in der Diskussion der Systematik der Gattung von großem Interesse.

GAULKE (1989) vermutet, dass die Wohngewässer eine Mindesttiefe von etwa einem Meter aufweisen müssen. Sie hat auf sechs Philippinen-Inseln (Panay, Cebu, Masbate, Samar, Bohol und Mindanao) Segelechsen im Biotop beobachtet, und zwar ausschließlich am Ufer von Flüssen, entweder im Uferbewuchs, oder aber sonnenbadend auf Felsen am Ufer oder im Fluss, Jungtiere auch entlang der Uferböschung.

wird ebenfalls von Segelechsen besiedelt. Außer in der Palawan-Region sind diese Echsen auch in der überwiegend orientalischen Sulu-Region nicht zu finden. Im Süden dringen sie auf Neuguinea bis in die Australis vor. Es ist gut möglich, dass Segelechsen auf weiteren kleineren Inseln vorkommen, von denen sie bislang nicht bakannt wurden.

5.4 Lebensraum

Segelechsen sind Wasseragamen im eigentlichsten Sinne – von allen in diesem Buch besprochenen Ar-

Klimadaten der Insel Ambon

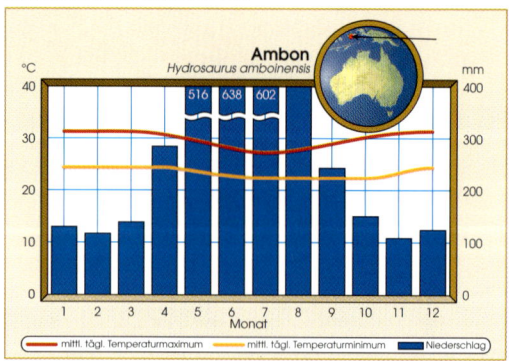

5.5 Klima

Das Verbreitungsgebiet der Segelechsen ist äquatorial und daher über das Jahr sehr konstant. Die Temperaturen liegen gleichmäßig bei etwa 27 °C. Sie überschreiten im Tages- und Jahresverlauf selten 35 °C, nachts fallen sie nicht unter 20 °C. Die relative Luftfeuchtigkeit liegt im Mittel bei 80 %.

5.6 Lebensweise

Detailliertere Freilandbeobachtungen über Segelechsen sind kaum publiziert worden (KOPSTEIN 1924; GAULKE 1989). Die Tiere besiedeln die Uferbereiche ihrer Wohngewässer und sind auch im Was-

Lebensraum von *Hydrosaurus pustulatus* auf Cebu
(Kawasan-Wasserfälle) Foto: M. Gaulke

Lebensraum von *Hydrosaurus amboinensis* auf Ceram
Foto: G. Visser

ser anzutreffen, von dem sie sich nie weit entfernen. Häufig liegen sie auf Ästen, die über das Wasser ragen. Bei Annäherung bleiben sie unbeweglich im Geäst liegen. KOPSTEIN (1924) deutet dies als große Zutraulichkeit, da die Tiere keine natürlichen Feinde hätten. Die Agamen seien einfach mit einer Schlinge an einem 2–3 m langen Stock zu fangen. GAULKE (1989) weist darauf hin, dass sie sich wohl eher auf ihre Tarnung verlassen als „zahm" zu sein, denn Tiere, die man auf dem Boden antrifft, flüchten sofort. Zur Flucht springen Segelechsen gerne ins Wasser, wo sie bis zu einer weiter entfernten Bank im Fluss oder bis an eine andere Uferstelle tauchen, um dort dann in der dichten Vegetation zu verschwinden. Auch Segelechsen können bipedal laufen und zumindest Jungtiere können dabei auch einige Meter über die Wasseroberfläche sprinten ohne einzusinken (PETERS 1974; TAYLOR 1922). MAREN GAULKE (schriftl. Mittlg.) beobachtete zweimal wie Jungtiere, die sie am Ufer aufstörte, blitzschnell etwa 2–3 m auf den Hinterbeinen über das Wasser rannten, um dann an einer anderen Stelle wieder in der Uferböschung zu verschwinden.

Segelechsen sind ortstreu und haben einen Ast als „Stammliegeplatz", auf dem sie nachts, morgens und abends zu finden sind. Oft liegen sie stundenlang regungslos in einer typischen ausgestreckten Körperhaltung mit herunterhängenden Beinen auf ihrem Ast und verlassen diesen nur zur Thermoregulation (Sonnen, Rückzug in Schatten; GAULKE 1989). Während der Hitze des Tages ziehen sie sich in die dichtere Vegetation oder das Wasser zurück. Sie leben in kleinen Gruppen zusammen. GAULKE (1989) beobachtete in jeder Gruppe immer nur ein adultes Männchen. Auf dem Boden nehmen die Tiere eine typische „Aufmerksamkeits-Haltung" ein (GONZALES 1974): Die Vorderbeine sind ausgestreckt und stützen den Vorderkörper vom Boden ab, der Kopf wird hochgehalten. Hinterbeine und -körper jedoch bleiben in Kontakt mit dem Bodengrund. Nach jeder Bewegung nicken die Tiere zwei- bis dreimal mit dem Kopf; ein typisches Anzeigeverhalten. Dabei wird auch die meist grünlich gelbe Kehlfärbung präsentiert. Auf dem Boden befindliche Tiere sind extrem scheu und flüchten bei der kleinsten Störung (GAULKE 1989). Jungtiere leben insgesamt eher in Bodennähe. Sie sind besonders scheu und flüchten in die Vegetation oder verbergen sich unter Felsen (KOPSTEIN 1924).

SCHMIDT & INGER (1958) sowie ALTMANN (1980) geben an, die eindrucksvollen Kämme der Tiere dienten bei innerartlichen Auseinandersetzungen der Vergrößerung der dem Gegner zugewandten „Breitseite". Bei Erregung werden Nacken- und Rückenkamm ebenso wie die Kehlwamme aufgerichtet (ALTMANN 1980; GONZALES 1974; SCHMIDT & INGER 1958). Ein dominantes Männchen zeigt diesen „Imponierhabitus" nicht nur bei der direkten Auseinandersetzung mit Artgenossen, sondern auch, wenn es frisst oder sich zum Sonnen hinlegt. Gegenüber anderen Echsen oder sonstigen Eindringlingen wird diese Drohgebärde von allen Segelechsen beider Geschlechter gezeigt. Weitere Aspekte des Drohverhaltens sind das Öffnen des Mauls sowie das seitliche

Segelechsen sind Wasser-Agamen im Wortsinn (Semiadultes *H.-pustulatus*-Weibchen von Panay). Foto: M. Gaulke

Hin- und Herbewegen des Schwanzes. Auch Menschen gegenüber drohen gefangene Segelechsen durch Maulaufreißen; sie beißen dann bei Gelegenheit kräftig zu (GAULKE 1989).

Segelechsen können relativ verträglich untereinander sein. Im Zoo Zürich wurden adulte Männchen mit Weibchen gemeinsam gepflegt, ohne dass es zu Auseinandersetzungen gekommen wäre (HONEGGER 1969; HONEGGER & SCHMIDT 1964). GONZALES (1974) pflegte zwei Männchen, drei Weibchen und zwei Jungtiere zusammen. Ein Männchen war dominant, doch außer einzelnen „Rangkämpfen" waren die Tiere verträglich. ZWARTEPOORTE (schriftl. Mittlg.) be-

Jungtier von *Hydrosaurus pustulatus* (Cebu, Kawasan-Wasserfälle) beim Bad Foto: M. Gaulke

richtet, dass im Zoo Rotterdam drei Weibchen von *H. pustulatus* untereinander so unverträglich waren, dass sie schließlich getrennt werden mussten. In bereits bestehende Gruppen war es unmöglich, neue Tiere einzuführen. Offenbar kommt es vor allem bei der Erstbegegnung mit Artgenossen zu Auseinandersetzungen. ALTMANN (1980) beobachtete sogar Aggressionsverhalten eines Weibchens gegenüber seinem Spiegelbild. Dabei winkte es auch mit beiden Vorderbeinen gleichzeitig, während es auf dem

Bauch lag. Das Tier fühlte sich durch sein Spiegelbild so provoziert, dass es ihm schließlich mit Maulaufreißen drohte. Wurde der Spiegel entfernt, war die Segelechse danach noch so „aufgepeitscht", dass das sonst eher scheue Tier sogar die Hand des Pflegers attackierte. GONZALES (1974) beobachtete gelegentliche Auseinandersetzungen zwischen seinen beiden gemeinsam gepflegten Männchen: Die Tiere drückten sich an den Boden, bildeten einen leichten Katzenbuckel, richteten ihre Kämme und die Kehlwamme auf und nickten sich mit schnellen Kopfbewegungen an (einmal wurden 23 „Nicker" in 14 Sekunden gemessen; die Amplitude der einzelnen Nickbewegungen ist aber kleiner als beim Anzeigeverhalten). Die Tiere öffneten das Maul und bewegten den Schwanz seitlich wellenartig hin und her. Dabei können sie auch zischende Laute von sich geben. Häufig wurde außerdem ein Farbwechsel beobachtet: Die dunkelbraunen Tiere (*H. pustulatus*) färbten sich blitzartig grünlich gelb, vor allem in der vorderen Körperhälfte. Am Anfang und Ende eines solchen Schau-

Segelechsen leben in Bäumen an Flüssen (*H. pustulatus* auf Masbate). Foto: M. Gaulke

Adultes Weibchen von *Hydrosaurus pustulatus* Foto: H. Zwartepoorte

kampfes steht fast immer das Armwinken mit einem oder abwechselnd beiden Vorderbeinen. Das dominante Tier kletterte gelegentlich sogar auf das Unterlegene, während es seine Drohgebärden fortsetzte.

VISSER (1984) berichtet, dass die Segelechsen sich zur Häutung gerne im flachen Wasser aufhalten, wo sie sich mit den Hinterfüßen Hautfetzen vom Leib kratzen. An den Vorderbeinen helfen sie nach, indem sie die Haut mit dem Maul abziehen. Die Haut wird anschließend teilweise gefressen. LEDERER (1935) und GONZALES (1974) beschreiben, dass die Segelechsen sich auch gegenseitig die alte Haut vom Leib ziehen und diese dann fressen.

Segelechsen suchen häufig das Wasser auch zum Koten auf. Sie richten sich dazu an einer flachen Stelle hoch auf allen Vieren auf und heben dann den Schwanz im vorderen Bereich an, während sie koten. Auf Land pressen sie die Kloake erst auf den Bodengrund, bevor sie zum Koten die Schwanzbasis anheben (GONZALES 1974). Die Agamen gehen auch im Terrarium mehrmals täglich ins Wasser, um

zu schwimmen (VISSER 1984). In „entspannten" Situationen tauchen sie kaum, nur wenn sie sich verbergen, bleiben sie länger unter Wasser.

5.7 Haltung im Terrarium

Segelechsen sind keine einfachen Pfleglinge, ihre Haltung ist erheblich anspruchsvoller als die von Wasseragamen. Anfänger seien deshalb davor gewarnt, sich vom Anblick der prächtigen Adulti zur Anschaffung der häufig angebotenen, noch recht handlichen Babys verführen zu lassen. Hinzu kommt, dass Wildfänge sich offenbar nur sehr schlecht eingewöhnen. Sie sind extrem schreckhaft und neigen ausgeprägt dazu, vor Scheiben zu springen. Schnauzenverletzungen sind daher häufig. Offenbar sind Jungtiere zudem sehr stressanfällig (KRASULA 1988), sodass zum Kauf von 50–70 cm langen Subadulti geraten wird. Aus demselben Grund warnt KRASULA auch davor, nahrungsverweigernde Segelechsen zwangszuernähren. Stattdessen sollte ihnen durch Verkleben aller Scheiben, einen ruhigen Standort und behutsames Hantieren maximale Ruhe geboten werden, bis sie sich eingewöhnt haben und freiwillig Nahrung annehmen. Sind diese Anfangsschwierigkeiten aber überwunden, sind Segelechsen ebenso ruhig und umgänglich wie Wasseragamen.

Das zweite große Problem ist die Schwierigkeit bei der Bestimmung der Artzugehörigkeit. Da es keine sicheren Unterscheidungsmerkmale gibt, hat man bei Wildfängen keine Chance zu erfahren, woher die Tiere kommen. Das ist aber aus zwei Gründen problematisch: Einerseits will man ja im Regelfall mindestens artgleiche Tiere pflegen, um diese nachzüchten zu können. Andererseits besteht die Gefahr der Vermischung unterschiedlicher Formen, wie es beispielsweise bei Jemenchamäleons oder *Boa constrictor* in der Vergangenheit passiert ist. Dabei wäre es wünschenswert, Terrarienpopulationen möglichst im „Originalzustand" zu erhalten. Daher sollte man entweder Nachzuchten aus einem Bestand kaufen (dann weiß man zumindest, dass die Tiere harmonieren), oder ähnlich aussehende Tiere aus möglichst einer Importsendung. Eine Garantie dafür, dass die Echsen deshalb von einer Population kommen, ist das allerdings längst nicht, denn der Exporteur sammelt die Lieferungen von verschiedenen Inseln, um sie gemeinsam zu versenden.

Nachzuchten sind selten im Handel. Einmal eingewöhnte und harmonisierende Segelechsen vermehren sich aber ausgesprochen gut. Daher werden in Zoos oftmals die Eier schon gar nicht mehr ausgebrütet, weil es zu einer „Überproduktion" kommen würde (JÜRGEN LANGE, HENK ZWARTEPOORTE, mdl. Mittlg.). Wenn man ernsthaftes Interesse bekundet und über die erforderlichen Unterbringungsmöglichkeiten verfügt, ist es aber in der Regel möglich, Jungtiere von einem Zoo zu erhalten. Man muss dann etwas Geduld aufbringen, bis die Eier erfolgreich inkubiert worden sind, bevor man seine Pfleglinge schließlich erhält.

Wer Segelechsen halten will, braucht viel Platz. KRASULA (1988) hielt ein Männchen und zwei Weibchen in einem 130 x 200 x 200 cm (B x H x T) messenden Terrarium, im Zoo Rotterdam (VISSER 1988) waren es 320 x 200 x 230 cm für zwei Männchen und zwei Weibchen. Abgesehen vom Platzproblem können Segelechsen unter denselben Bedingungen wie Grüne Wasseragamen gepflegt werden, eine Bepflanzung ist jedoch wegen ihrer vegetarischen Vorliebe noch schwieriger. Wichtig ist außerdem ein großer Wasserteil. Er sollte etwa zwei Drittel der Grundfläche ausmachen und an der tiefsten Stelle mindestens 30 cm tief sein. In flacheren Bereichen halten die Segelechsen sich aber auch gerne auf, beispielsweise zur Häutung.

Segelechsen (*H. amboinensis*) benötigen einen großen Wasserteil Foto: F.B. Yuwono

5.8 Ernährung

Segelechsen ernähren sich hauptsächlich von Blattpflanzen und Früchten. Magenuntersuchungen durch KOPSTEIN (1924, 1926) und TAYLOR (1922) zeigten, dass Adulti hauptsächlich Blätter, die Jungtiere dagegen Samen gefressen hatten. GAULKE (1989) beobachtete auf den Philippinen eine Vorliebe für die Früchte von *Ficus*-Arten. Die bevorzugten Zeiten der Nahrungsaufnahme sind der

Segelechsengruppe beim Fressen Foto: M. Schmidt

RER 1931). Dagegen wurden verschiedene Arten der Terrarienbepflanzung (*Philodendron, Dracaena, Podocarpus, Marantha*) nicht angerührt. Außerdem jagen Segelechsen mit großer Begeisterung nach Heuschrecken, Grillen, Schaben, nehmen Mehlwürmer, Regenwürmer, Engerlinge, Raupen, Schmetterlinge, Schnecken, nestjunge und „Springer"-Mäuse und -Ratten, Garnelen, Küken, Frösche, Fleisch- und Fischstückchen. WATKINS-COLWELL (1993) berichtet, dass eine adulte Segelechse mit einer KRL von 26,5 cm ein vergesellschaftetes Basiliskenweibchen mit einer KRL von 10 cm

Morgen und der spätere Nachmittag, wenn die Temperaturen etwas niedriger sind. Zum Fressen begeben die Tiere sich auf den Boden, um beispielsweise nach heruntergefallenen Früchten zu suchen. Auch aus dem Wasser werden Pflanzen aufgenommen. NEILL (1958) stellte bei gerade gefangenen Tieren starken Fischgeruch fest und nahm daher an, dass die Agamen auch Fische fressen. Es liegen allerdings keine Beobachtungen aus der Natur über eine Aufnahme tierischer Nahrung vor. Das Verhältnis von der Gesamt- zur Enddarmlänge entspricht in typischer Weise dem einer herbivoren Agame (HENKE 1975).

Zumindest im Terrarium wird der Speiseplan aber auch sehr gerne und mit großer Gier durch Insekten und andere Gliederfüßer sowie kleine Wirbeltiere ergänzt. Die Segelechsen schnappen sogar nach kleinen Fliegen in der Luft (PETERS 1974).

Im Terrarium fressen Segelechsen verschiedene Früchte (z. B. Banane, Orange, Apfel, Birne), Feigen-, Maulbeer- und Weidenblätter, Kopfsalat, Endiviensalat und andere Blattsalate, Wildkräuter wie Löwenzahn und Lattich, Spinat, Tomaten und Karotten. Sie scheinen eine ausgeprägte Vorliebe für kräftig gefärbte Früchte zu haben, gelbes, oranges und rotes Futter wird zuerst gefressen (VISSER 1984). Werden Blätter mitsamt den zugehörigen Zweigen angeboten, „schälen" die Tiere die Rinde ab (LEDE-

fraß, allerdings anschließend die Nahrung verweigerte und sechs Wochen später starb. Eine von WULFF (1963) gepflegte Segelechse versuchte einmal, einen Grünen Leguan zu verschlingen. GONZALES (1974) fütterte seine Tiere u. a. mit Flugdrachen (*Draco volans*), Skinken (*Dasia smaragdina*) und Fröschen (*Rana cancrivora*). Frösche wurden erst mehrfach gekaut, die größeren Echsen dagegen erst zerrissen, indem die Segelechsen ihnen die Gliedmaßen, bevor sie die Beute mit dem Kopf voran verschlangen. KRASULA (1988) berichtet zudem, dass seine Tiere auch häufig gezielt Kieselsteine fraßen, denen er eine Rolle bei der Verdauung zuschreibt.

Im Rotterdamer Zoo (VISSER 1984) sah der Speiseplan wie folgt aus:

> • 6 x wöchentlich: Kleingeschnittene Salate, Karotten, Tomaten, Bananen, Orangen, Äpfel, Birnen, Hühnchenteile, Fleisch, Vitaminsupplement
> • 1 x wöchentlich: Grillen, Heuschrecken, Mäuse oder Ratten
> • gelegentlich: Garnelen und kleine Fische

Außerdem fressen die Rotterdamer Tiere auch gerne von dem Gelatinefutter der mit ihnen vergesellschafteten Wasserschildkröten (ZWARTEPOORTE, schriftl. Mittlg.). VISSER (1984b) beobachtete, dass bei der Fütterung aus der Schale immer zunächst das Männchen fraß. Erst wenn es zurücktat, fraß das Weibchen. Bei der Fütterung mit lebenden Insekten dagegen galt das übliche „Wer zuerst kommt, mahlt zuerst"-Prinzip. Allerdings bedrängt ein dominantes Tier häufig auch dasjenige, das den Leckerbissen zuerst ergattert hat, und bewegt es dazu, ihn wieder fallen zu lassen (GONZALES 1974).

5.9 Fortpflanzung

Über die Fortpflanzung von Segelechsen im natürlichen Lebensraum ist nur wenig bekannt. Die Eier werden im Sand am Gewässerufer vergraben. Nach KOPSTEIN (1924) ist die Legegrube 20–30 cm tief. *Hydrosaurus* scheint sich ganzjährig zu vermehren, jedoch mit Höhepunkt (zumindest auf Masbate) gegen Ende der Trockenzeit zwischen März und Mai (GAULKE 1989). KOPSTEIN (1924) nimmt an, dass in der heißesten Jahreszeit die Fortpflanzungsaktivität etwas abnimmt, aber er fand das ganze Jahr über Schlüpflinge. VISSER (1984) weist darauf hin, dass sich nahezu alle Reptilien dieser Region ganzjährig reproduzieren.

Über die erfolgreiche Vermehrung im Terrarium liegen mehrere Berichte vor (HONEGGER 1964; KRASULA 1988; LEDERER 1931; NOGGE 1983; PETERS 1974; VISSER 1984, 1988). Auch im Terrarium vermehren die Segelechsen sich das ganze Jahr über. Das Paarungsvorspiel ist sehr langwierig und kann sich über Stunden hinziehen (GONZALES 1975; HONEGGER 1964;

LEDERER 1931). Dabei zeigt das Männchen dieselben Verhaltensweisen und Gebärden wie oben beim Kampf- und Drohverhalten beschrieben. Flüchtet das Weibchen, beendet das Männchen seine Performance mit Armwinken, oder es nimmt die Verfolgung auf. Schließlich drängt es das Weibchen häufig in eine Ecke des Terrariums und versucht, sich in dessen Nacken zu verbeißen und Kloakenkontakt zu bekommen. Oft wehrt das Weibchen sich heftig.

Das Männchen versucht die Kopulation einzuleiten. Foto: H. Zwartepoorte

Schlupf einer Segelechse Foto: H. Zwartepoorte

Gelingt es ihm, das Männchen abzuschütteln, presst dieses seine Kloake auf den Boden und gibt zunächst auf. Kann (oder will?) das Weibchen sich schließlich nicht mehr befreien, kommt es zur Kopulation. VISSER (1984) berichtet, dass trächtige Weibchen manchmal nicht wie üblich auf ihren Ästen, sondern an einer warmen Stelle auf dem Boden schlafen. Je nach Größe und Zustand des Weibchens werden bis zu sechsmal (!) jährlich maximal elf Eier, meistens jedoch wohl 3–9 abgelegt. In Rotterdam betrug die durchschnittliche Gelegegröße bei 35 Gelegen über einen Zeitraum von etwa fünf Jahren 4,5 Eier/Gelege. Gerade gelegte Eier messen durchschnittlich etwa 40–42 x 23–25 mm (Spannbreite: 37,4–43,0 x 18,5–27,1 mm) und wiegen im Mittel 12,2–16,6 g (Spannbreite: 9–18 g). Eine ausführliche Zusammenstellung aller bis 1983 veröffentlichten Gelegedaten und der Ergebnisse des Zoos Rotterdam ist bei VISSER (1984) nachzuschlagen. Nach 70 Tagen weisen die Eier eine Größe von 68 mm x 38 mm und ein Gewicht von 70 g auf. Im Zoo Rotterdam wurden Segelechsen-Eier erfolgreich auf feuchtem Torf inkubiert, da dort zunächst mit Vermiculit schlechtere Ergebnisse erzielt wurden. Inzwischen gelingt dort aber die Inkubation auf Vermiculit ebenso gut (ZWARTEPOORTE schriftl. Mittlg.). Bei 30 °C Inkubationstemperatur schlüpfen die Jungtiere nach 60–73 Tagen (Durchschnitt: 71,6 Tage – VISSER 1984), bei 28 °C dauert die Bebrütung etwa 100 Tage. Die Schlupfrate im Zoo Rotterdam war bis 1984 mit 15 % recht niedrig, inzwischen gelingt die Vermehrung von *H. pustulatus* dort aber bei hohen Schupfraten ohne Schwierigkeiten (ZWARTEPOORTE, schriftl. Mittlg.).

Die Jungtiere sind beim Schlupf 15–25 cm lang, wovon zwei Drittel auf den Schwanz entfallen, und wiegen etwa 10–18 g. HARTDEGEN & BAYLESS (1999) berichten von einem Zwillingsschlupf. Die Tiere maßen 20,6 cm und wogen 7,2 g.

Die Aufzucht erwies sich im Zoo Rotterdam anfangs als problematisch, nur wenige Jungtiere überlebten ihr erstes Jahr (VISSER 1984). Inzwischen haben sich diese Probleme aber gegeben (ZWARTEPOORTE, schriftl. Mittlg.). KRASULA (1998) berichtet

Fast ist die kleine Segelechse aus dem Ei heraus. Foto: H. Zwartepoorte

ausführlichen Darstellungen in GAULKE 2001). Der Tieflandregenwald und damit der ursprüngliche Lebensraum der Segelechsen ist auf vielen Inseln weitgehend vernichtet. Das Bevölkerungswachstum verläuft weiterhin ungebremst, und damit verbunden ist auch der Flächenverbrauch noch nicht eingedämmt. Wie dramatisch dieser Aspekt schlussendlich für *Hydrosaurus* ist, bleibt derzeit ungeklärt. Diese Echsen kommen nämlich glücklicherweise mit veränderten Biotopen gut zurecht, sind also nicht an Primärwälder gebunden. Auch in Kulturgebieten sind die Uferbereiche von Flüssen oft dicht bewachsen; verschiedene Fruchtbäume, wie beispielsweise Feigen, wachsen auch dort und werden von den Segelechsen genutzt. Inwieweit sich die vor allem in Küstenregionen beträchtliche Flussverschmutzung auf die Bestände von *Hydrosaurus* auswirkt, ist unbekannt.

Als weiterer Gefährdungsfaktor kommt aber auf jeden Fall hinzu, dass Segelechsen in ihrer Heimat gefangen werden. Die großen Echsen werden seit jeher als Nahrungsmittel genutzt (KOPSTEIN 1924; GAULKE 1989). Auf den Philippinen wird ihrem Fleisch auch Heilkraft gegen rheumatische Beschwerden zugeschrieben (GONZALES 1974). Aufgrund des beschränkten Lebensraums können die Tiere von Jägern gut gefunden und mit Steinschleudern abgeschossen werden, wenn sie auf ihre Tarnung vertrauend im Geäst verharren. Auf der Flucht werden sie auch im Wasser ergriffen, oder man lockt sie mit Ködern in Fallen. Auf den Molukken werden die Eier der Segelechsen verspeist (KOPSTEIN 1924). Grundsätzlich ist gegen die Nutzung natürlich nichts zu sagen, solange dadurch die Bestände nicht gefährdet werden. Daher wäre zum Schutz der Echsen die Festlegung von Schonzeiten, verbunden mit einer Aufklärungskampagne vor Ort, ebenso sinnvoll wie die Ausweisung von Schutzgebieten.

Außerdem werden Segelechsen, zumindest auf den Philippinen, gerne auch als Haustiere gehalten.

ebenfalls von einer problemlosen Aufzucht, die Jungen werden wie die Adulti gepflegt und können in kleinen Gruppen gehalten werden. Allerdings sind die Jungtiere extrem nervös, scheu und stressanfällig, sodass die „Terrariengewöhnung" auch bei Nachzuchten erfolgen muss. Von besonderer Bedeutung scheint dabei zu sein, den Jungtieren Terrarien mit reichlich Deckung zur Verfügung zu stellen und sie so weitgehend wie möglich ungestört zu lassen.

5.10 Gefährdung und Schutz

Auf den Philippinen gelten Segelechsen pauschal als gefährdet (HONEGGER 1975). Auf der Roten Liste der gefährdeten Arten („Red Data Book") der IUCN ist *H. pustulatus* in der Kategorie II als „vulnerable" (= anfällig) eingestuft: „Anfälliges Taxon, das wahrscheinlich in naher Zukunft in die Kategorie 'gefährdet' eingestuft werden muss, falls die verursachenden Faktoren weiter andauern."

Diese Einschätzung basiert vor allem auf der insgesamt als dramatisch einzuschätzenden Naturschutzsituation auf den Philippinen (siehe hierzu die

Zum Verzehr gefangenes Segelechsenpärchen (*H. pustulatus*) auf Masbate Foto: M. Gaulke

MAREN GAULKE (schriftl. Mittlg.) beobachtete einen inselüberschreitenden Handel mit philippinischen Segelechsen. Eine weitere Gefahr für die natürlichen Populationen besteht deshalb darin, wie oben schon ausgeführt, dass die Hausdrachen entweichen oder ausgesetzt werden, wenn sie zu groß geworden sind, und somit potenziell zu einer Bastardierung und Verwischung der natürlichen Vorkommen führen können.

Letztendlich werden Segelechsen auch für den internationalen Tierhandel, also für die Terraristik, gefangen und exportiert. Angesichts der doch recht begrenzten Nachfrage und der geringen Verbreitung in Terrarien scheint mir hiervon allerdings kein allzu großes Bedrohungspotenzial für die Art auszugehen. Dennoch sollten Halter sich im Klaren darüber sein, dass es sich um potenziell gefährdete Arten handelt, und sich daher möglichst auf die Nachzucht der Tiere konzentrieren. Nicht nur aus diesem Grund, sondern auch, weil Nachzuchten leichter einzugewöhnen sind, sollten angehende Halter versuchen, an solche zu gelangen.

Die aktuelle Bestandssituation ist schwierig einzuschätzen. Während die Segelechsen auf manchen Inseln noch kräftige Bestände aufweisen, scheinen sie auf anderen hoch gefährdet. So berichtet GAULKE (1989), dass *Hydrosaurus* auf einigen Inseln der Visayas fast verschwunden ist. Auf Negros beispielsweise sei nur noch eine Population bekannt (Negros Oriental, Siaton), die halbzahm auf dem Grundstück eines Liebhabers lebt. Erfreulicherweise haben Nachforschungen mittlerweile aber ergeben, dass es auf Negros doch noch etliche Wildpopulationen gibt (MAREN GAULKE, schriftl. Mittlg.).

Für die nächste Zeit ist die Einrichtung eines Europäischen Zoo-Zuchtbuches für *H. pustulatus* geplant (ZWARTEPOORTE, schriftl. Mittlg.). Auf den Philippinen laufen Vorarbeiten für ein Erhaltungszuchtprojekt, das von deutscher Seite durch die Zoologische Gesellschaft für Arten- und Populationsschutz (ZGAP, s. Anhang) gefördert wird (DALLAS ZOOLOGICAL SOCIETY 2002).

Anhang

Zeitschriften

REPTILIA
Terraristik-Fachmagazin
Herausgeber: Natur und Tier - Verlag GmbH, An der Kleimann-brücke 39, 48157 Münster, Tel.: 0251/133390, Fax: 0251/1333933
E-Mail: verlag@ms-verlag.de, www.ms-verlag.de
Erscheinungsweise: zweimonatlich

DRACO
Terraristik-Themenheft
Bezug wie REPTILIA
Erscheinungsweise: dreimonatlich

elaphe, Salamandra
Zeitschriften der DGHT, die alle Mitglieder kostenlos erhalten
Erscheinungsweise: vierteljährlich

DATZ
Aquarien- und Terrarienzeitschrift
Herausgeber: Verlag Eugen Ulmer GmbH & Co., Postfach 700561, D-70574 Stuttgart
Erscheinungsweise: monatlich

Sauria
Terraristikzeitschrift
Herausgeber: Terrariengemeinschaft Berlin e.V.
Geschäftsstelle: Barbara Buhle, Planetenstr. 45, D-12105 Berlin
Erscheinungsweise: vierteljährlich

herpetofauna
Terraristikzeitschrift
Herausgeber: herpetofauna-Verlags GmbH, Römerstr. 21, 71384 Weinstadt
Erscheinungsweise: zweimonatlich

Vereinigungen

Deutsche Gesellschaft für Herpetologie und Terrarienkunde (DGHT)
Geschäftsstelle, Postfach 1421, D-53351 Rheinbach
Tel.: 02225-703333 Fax: 02225-703338
E-Mail: gs@dght.de, www.dght.de
In der DGHT gibt es zahlreiche Stadtgruppen in vielen Städten Deutschlands, Österreichs und der Schweiz. Hier finden in der Regel interessante Diavorträge zu verschiedenen terraristischen Themen statt, und man bekommt Kontakt zu anderen Terraria-nern vom Anfänger bis zum Experten.

Zoologische Gesellschaft für Arten- und Populationsschutz (ZGAP)
Franz-Senn-Str. 14, D-81377 München
Tel.: 089/7142997, Fax: 089/7193327
E-Mail: Roland.Wirth@zgap.de, www.zgap.de

Tierärzte und Untersuchungsstellen für Kotproben, Abstriche, verendete Tiere etc.

Die DGHT (s. oben) unterhält eine Liste mit Tierärzten, die sich mit Reptilien beschäftigen. Kotproben, Sektionen und andere Untersuchungen können von solchen Ärzten oder von veteri-närmedizinischen Untersuchungsstellen, die es in vielen Städten gibt, vorgenommen werden. Überregional bekannt sind folgende Einrichtungen:
1. Exomed, Am Tierpark 64, D-10319 Berlin
2. Universität München, Institut für Zoologie, Fischereibiologie und Fischkrankheiten der tierärztlichen Fakultät, Kaulbachstr. 37, D-80539 München
3. Justus-von-Liebig-Universität Gießen, Institut für Geflügel-krankheiten, Frankfurter Str. 87, D-35392 Gießen.
4. GEVO Diagnostik, Jakobstr. 65, D-70794 Filderstadt

Internet-Adressen

Im Internet gibt es zahlreiche Seiten, die sich mehr oder weniger informationsreich auch mit Wasseragamen und Segelechsen beschäftigen. Zwei empfehlenswerte Seiten, die auch gemeinsam ein Wasseragamen-Forum unterhalten, wo man alle Fragen rund um das Thema loswerden kann, sind:

www.agamen.de
www.terra-magica.de

Auf der Homepage von „Agama International" gibt es neben einer Bildergalerie auch weitere (englischsprachige) Informatio-nen über die Farm und Australische Wasseragamen:

www.agamainternational.com

Glossar

adult: erwachsen

akrodont: Bezahnungstyp z. B. der Agamen; die Zähne stehen dicht nebeneinander auf der Oberkante des Kiefers und bilden eine Zahnleiste.

arboricol: baumbewohnend

Art: Ein allgemein verbindliches und anerkanntes Artkonzept gibt es nicht. Im Allgemeinen werden Tiere als Vertreter einer Art angesehen, wenn sie miteinander wieder fortpflanzungsfähige Nachkommen zeugen können.

Australis: Tiergeographische Region bestehend aus Australien mit Tasmanien, Neuseeland sowie Neuguinea mit diversen Südsee-Inseln

Autotomie: Bei Echsen die Fähigkeit, den Schwanz abzuwerfen

bevorzugte Körpertemperatur: Die Körpertemperatur, welche die Echse bei Wahlfreiheit durch Thermoregulation einstellt.

bipedal: nur auf den Hinterbeinen laufend

Dorsalia: Rückenschuppen, Schuppen der „Oberseite"

dorsolateral: Übergangsbereich zwischen Rücken und Flanken

Dorsolateralfalte: Hautfalte im Übergangsbereich zwischen Rücken und Flanken

Femoralporen: Drüsenöffnungen an der Unterseite der Oberschenkel

Hemipenis: Das Fortpflanzungsorgan männlicher Echsen ist paarig aufgebaut; es besteht aus zwei Hemipenes (Einzahl: Hemipenis), von denen bei der Paarung aber immer nur einer in die Kloake des Weibchens eingeführt wird.

herbivor: nur pflanzliche Nahrung fressend

Home Range: Aktionsradius, also das Gebiet, in dem die Echse sich überwiegend aufhält

konisch: kegelförmig

Labialia: Lippenschilde (Einzahl: Labiale); Schuppen, die oberhalb (Supralabialia) und unterhalb (Sublabialia) an das Maul angrenzen.

lateral: seitlich, an den Flanken

monophyletisch: auf eine Stammform, sozusagen einen Ur-Ahn, zurückgehend

monotypisch: einziger Vertreter eines Taxons; monotypisch ist also z. B. eine Gattung, zu der nur eine Art gehört.

morphologisch: die äußere Gestalt betreffend

nomen nudum: wörtlich: „nackter Name"; eine wissenschaftliche Bezeichnung, die ohne eine weitergehende Beschreibung auftaucht

Nomenklatur: Benennung von Taxa (s. Taxonomie)

Occipitalia: Hinterhauptschilde (Einzahl: Occipitale), die Schuppen auf der Kopfoberseite hinter den Ocularia (s. dort)

Ocularia: an das Auge angrenzende Schuppen (Einzahl: Oculare). Schuppen unter dem Auge heißen Sub-, diejenigen über dem Auge Supraocularia

omnivor: sowohl pflanzliche als auch tierische Nahrung fressend

Orientalis: tiergeographische Region bestehend aus vorderindischem, südchinesischem und indo-australischem Raum

Paludarium: Terrarium, in das ein Aquarium integriert ist

partim: zum Teil

pleurodont: Bezahnungstyp z. B. der Leguane; die Zähne sind einzeln auf der Innenseite des Kiefers in den Knochen „eingelassen". Im Gegensatz zu den akrodonten (s. dort) Zähnen der Agamen können pleurodonte Zähne nachwachsen.

poikilotherm: wechselwarm

Postauricularfalte: hinter dem Ohr gelegene Hautfalte

Postrostralia: an das Rostrale (s. dort) nach hinten angrenzende Schuppen

Rostralschild, Rostrale: die vorderste Schuppe der Kopfoberseite direkt über der Maulspalte (quasi die „Spitze" der Echse)

semiadult: halb erwachsen (s. adult, subadult)

Species typica: Die Art, anhand derer eine Gattung beschrieben wurde bzw. die für die Gattung typisch ist.

Sublabialia: s. Labialia

Subocularia: die unterhalb an das Auge angrenzenden Schuppen

Supralabialia: s. Labialia

Systematik: Wissenschaft von den Verwandtschaftsverhältnissen der Tiere und Pflanzen

Taxonomie: Einteilung der Tiere in bestimmte Verwandtschaftsgruppen (Taxa, Einzahl: Taxon), z. B. in Gattungen, Arten, Unterarten etc.

Temporale (Mehrzahl: Temporalia): Schläfenschild; eine große Schuppe an der Schläfe

Terra typica: Fundort des Typusexemplars – also der Ort, wo das Tier gefunden wurde, anhand dessen z. B. eine Art beschrieben wird

Thermoregulation: Regulation der Körpertemperatur bei wechselwarmen Tieren, z. B. durch Aufsuchen warmer oder kühlerer Orte

Unterart: geographische Rasse; geographisch voneinander getrennte und sich unterscheidende Populationen innerhalb einer Art (s. dort)

Ventralia: Bauchschuppen

Vorzugstemperatur: Die Temperatur, die Echsen in einer Versuchsapparatur mit einer breiten Temperaturspanne zunächst freiwillig aufsuchen, um sich auf ihre bevorzugte Körpertemperatur (s. dort) zu bringen. Die Vorzugstemperatur liegt oft nur knapp unter der, bei der die Tiere an Überhitzung sterben würden! Die Körpertemperatur bleibt meistens unterhalb der Vorzugstemperatur (s. auch Thermoregulation).

Tuberkelschuppen: höckerförmig ausgebildete, größere Schuppen

Literatur

Dieses Literaturverzeichnis umfasst nur im Buch zitierte Literatur. Eine umfassende Bibliographie der Gattungen *Physignathus, Lophognathus* und *Hydrosaurus* wurde parallel erarbeitet. Sie umfasst über 400 Zitate und ist auf der Homepage des Natur und Tier - Verlags (www.ms-verlag.de) einzusehen.

AHL, E. (1926): Neue Eidechsen und Amphibien. – Zoologischer Anzeiger Leipzig, 67: 186–192.

AHS [= AUSTRALIAN HERPETOLOGICAL SOCIETY MEMBERS] (1976): [Observations on the eastern water dragon *Physignathus lesueurii* in the natural state and in captivity.] – Herpetofauna, Sydney, 8(2): ohne Seitenzahlen [20–22].

ALTMANN, H. (1980): Erfolgreiche Behandlung der Knochenerweichung bei einer Segelechse. – DATZ, 33(2): 67–70.

ANANJEVA, N.B., M.E. DILMUCHAMEDOV & T.N. MATVEYEVA (1991): The Skin Sense Organs of Some Iguanian Lizards. – Journal of Herpetology 25(2): 186–199.

ANONYMUS (1975a): Reptile News. – Chester Zoo News, 4: 15–16.

ANONYMUS (1975b): Reptile News. – Chester Zoo News, 7: 6–12.

ANTHONY, M. & L. TELFORD (1996): Observations of the Eastern Water dragon (*Pyhsignathus lesueurii*) in the northern Wet Tropics area, with a note on an unusual definsive behaviour in a juvenile. – Chondro 4(1): 21–22.

BAEHR, M. (1976): Beobachtungen zur bipeden Fortbewegung bei der australischen Agame *Physignathus longirostris* (BOULENGER). – Stuttgarter Beiträge zur Naturkunde Serie A (Biologie) No. 291: 1–7.

BARBOUR, T. (1911): New Lizards and a New Toad from Dutch East Indies, with Notes on Other Species. – Proc. Biol. Soc. Washington, 24: 15–22.

BARBOUR, T. (1912): *Physignathus cocincinus* and its subspecies. – Proc. Biol. Soc., 25.

BARBOUR, T. (1914): Proc. Biol. Soc. Washington, 27

BARTLETT, R.D. & P.P. BARTLETT (1997): Anoles, Basilisks, and Water Dragons. – Barron´s Educational Series, Hauppauge, New York, 96 S.

BARTS, M. (1997): Catalogue of valid Species and Synonyms, Agamidae. – Herprint Int., Bredell, Rsa, 4: 1-416.

BAVERSTOCK, P.R. & S.C. DONNELLAN (1990): Molecular evolution in Australian dragons and skinks: progress report. – Memoirs of the Queensland Museum 29: 323–331.

BELLAIRS, A.d´A. (1969): The Life of Reptiles. – VI.1., Weidenfeld & Nicholson, 282 S.

BELTERMAN, R. & G. VISSER (1996): Chromosomen als dterminatiekenmerk bij Zeilhagedissen (*Hydrosaurus*)? – Lacerta 54(6): 199–202.

BLAMIRES, S.J. (1998): Circumduction and Head Bobbing in the Agamid Lizard *Lophognathus temporalis*. – Herpetofauna, Sydney, 28(1): 51–52.

BLAMIRES, S.J. (1999): Factors influencing the escape response of an arboreal agamid lizard of tropical Australia (*Lophognathus temporalis*) in an urban environment. – Canadian Journal of Zoology 77: 1998–2003.

BLEEKER, P. (1860): *Istiurus microlophus* sp. nov. – Naturkundl. Tijdschr. Nederl. Indie, Batavia 22: 80

BML [BUNDESMINISTERIUM FÜR ERNÄHRUNG, LANDWIRTSCHAFT UND FORSTEN] (1997): Gutachten über Mindestanforderungen an die Haltung von Reptilien vom 10. Januar 1997. – Sonderausgabe der DGHT, Rheinbach, 78 S.

BOULENGER, G.A. (1883): Remarks on the lizards of the genus *Lophognathus*. – Ann. Mag. Nat. Hist. 5(12): 225–226.

BOULENGER, G.A. (1885): Catalogue of the Lizards in the British Museum (Natural History). – VI.1, 2nd Edition, London, 436 S.

BROCKHAUS (1982): Länder und Klima, Asien/Australien. – Brockhaus, Wiesbaden, 238 S.

BUSTARD, R. (1970): Australian Lizards. – William Collins Ltd. Sydney, London

CHRISTIAN, K.A., G. BEDFORD, B. GREEN, A. GRIFFITHS & NEWGRAIN (1999): Physiological ecology of a tropical dragon, *Lophognathus temporalis*. – Australian Journal of Ecology 24(2): 171–181.

CLIFFORD, H.T. & T. HAMLEY (1982): Seed dispersal by waterdragons. – Queensland Naturalist 23(5–6): 49.

COBORN, J. (undatiert): The Guide to Owning a Water Dragon. – t.f.h. Publications, Neptune City, 64 S.

COGGER, H.G. (1995): Reptiles and Amphibians of Australia. – 5. Aufl.; Reed Books, Chatswood NSW & Cornell Univ. Press, Ithaca N.Y., 778 S.

COGGER, H.G. (2000): Reptiles and Amphibians of Australia. – 6. Aufl.; Reed Books, Chatswood NSW & Cornell Univ. Press, Ithaca N.Y., 808 S.

COGGER, H.G., E. CAMERON & H.M. COGGER (1983): Zoological Catalogue of Australia. – Amphibia and Reptilia. – Austr. Government Publ. Service, Canberra

COGGER, H.G. & H. HEATWOLE (1981): The Australian reptiles: origins, biogeography, distribution patterns and island evolution. – In KEAST, A. (Hrsg.): Ecological Biogeography of Australia", W. Junk Publ., Den Haag

COGGER, H.G. & D.A. LINDNER (1974): Frogs and reptiles in fauna survey of the Port Essington District, Cobourg Peninsula, Northern Territory of Australia. – CSIRO Div. Wildl. Res. Tech. Pap. 28: 63–107.

COLWELL, G.J. (1993): *Hydrosaurus weberi* (Weber´s Sail-Fin Dragon). Morphology. – Herp. Rev., New York, 24(4): 150.

COURTICE, G.P. (1981a): Respiration in the eastern water dragon, *Physignathus lesueurii* (Agamidae). – Comparative Biochemistry and Physology A Comparative Physiology 68(3): 429–436.

COURTICE, G.P. (1981b): The effect of temperature on bimodal gas exchange and the respiratory exchange ratio in the water dragon, *Physignathus lesueurii*. – Comparative Biochemistry and Physology A Comparative Physiology 68(3): 437–441.

COURTICE, G.P. (1981c): Changes in skin perfusion in response to local changes in pCO_2 in a diving lizard, *Physignathus lesueurii*. – Comparative Biochemistry and Physology A Comparative Physiology 69(4): 805–807.

COVACEVICH, J., P. COUPER, R.E. MOLNAR, G. WITTEN & W. YOUNG (1990): Miocene dragons from Riversleigh: new data on the history of the family Agamidae (Reptilia: Squamata) in Australia. – Mem. Queensland Mus. 29: 339–360.

CUVIER, G. (1829): Le Regne Animal Distribué, d´apres son Organisation, pur servir de base à l´Histoire naturelle des Animaux et d´introduction à l´Anatomie Comparé. – 2n Ed., Vol. 2, Les Reptiles, Déterville, Paris, 406 + XVI S.

DALLAS ZOOLOGICAL SOCIETY (2002): Priorities for Research and Conservation of Threatened Endemic Monitor and Sailfin Lizards of the Philippines. – preliminary/concept proposal, 12 S.

DALY, G. (1992): Aggressive territorial behaviour of free range water dragons (*Physignathus lesueurii lesueurii*). – Herpetofauna, Sydney, 22(1): 37.

DE BITTER, H. & M. DE BITTER (1986): Bevruchte eieren van twee groene wateragamen *Physignathus cocincinus*, dankzij spermaopslag?. – Lacerta 44(5): 74–76.

DE ROOIJ, N. (1915): The reptiles of the Indo-Australian Archipelago. – Leiden, Brill 115: 66–137.

DE VIS, C.W. (1884): On new Australian lizards. – Proceedings of the Royal Society of Queensland, 1: 53–56.

DE VOSJOLI, P. (1992): Green Water Dragons, Sailfin Lizards and Basilisks. – Advanced Vivarium Systems, Escondido, CA, 31 S.

DEDEKIND, K. & H.-G. PETZOLD (1982): Zur Haltung und Zucht der Hinterindischen Wasseragame (*Physignathus cocincinus* Cuvier, 1829) im Tierpark Berlin. – Zoologischer Garten 52(1): 29–45.

DENNERT, C. (2001): Ernährung von Landschildkröten. – Natur und Tier - Verlag, Münster, 143 S.

DUMERIL, A.M.C. & G. BIBRON (1837): Erpetologie Genereale ou Histoire Naturelle complete des Reptiles. – Libraririe Encyclopedique de Roret, Paris

EGERT, J. (2002): *Physignathus lesueurii*. Care and Breeding of the Eastern Water Dragon. – REPTILIA (GB), Barcelona, Nr. 20: 48–56.

EHMANN, H. (1992): Encyclopedia of Australian Animals – Reptiles. – Angus & Robertson (Australia), 495 S.

ESCHSCHOLTZ (1829): *Istiurus amboinensis* sp. nova. – Zoologischer Atlas, enthaltend Abbildungen und Beschreibungen neuer Thierarten, während des Flottcapitains von Kotzebue zweiter Reise um die Welt, 2: 2, pl. 7

FITZINGER, L. (1843): Systema Reptilium, fasciculus primus, Amblyglossae. – Braumüller et Seidel, Wien, 106 S.

FRAUCA, H. (1972): Die Australische Wasseragame (*Physignathus lesueurii*). – DATZ, 25(8): 280–283.

FRIEDERICH, U. & W. VOLLAND (1992): Futtertierzucht; Lebendfutter für Vivarientiere. –Verlag Eugen Ulmer, Stuttgart, 188 S.

FROST, D.E. & R.E. ETHERIDGE (1989): A Phylogenetic Analysis and Taxonomy of Iguanian Lizards (Reptilia: Squamata). – Univ. Kansas Mus. Nat. Hist. Misc. Publ. 81: 1–65.

GAULKE, M. (1989): Einige Bemerkungen über die philippinische Segelechse *Hydrosaurus pustulatus* (ESCHSCHOLTZ, 1829). – herpetofauna, Weinstadt, 11(62): 6–12.

GAULKE (2001): Naturreiseführer Philippinen. – Natur und Tier - Verlag, Münster, 416 S.

GIDDINGS, S. (1983): Breeding water dragons (*Physignathus lesueurii lesueurii* and *Physignathus lesueurii howitii*) in captivity. – South Australian Herpetology Group Newsletter February 1980: 2–3.

GIRARD, C. (1857): Descriptions of some new Reptiles, collected by the US. Exploring Expedition under the command of Capt. Charles Wilkes, U.S.N., Fourth Part. – Porc. Acad. Nat. Sci. Philadelphia 1857: 195–199.

GONZALES, R.B. (1974): Behavioral notes on captive sail-tailed lizards (*Hydrosaurus pustulatus*: Agamidae). – Silliman J. 21: 129–138.

GRAY, J.E. (1831): A synopsis of the species of Class Reptilia. – In GRIFFITH, E. & E. PIDGEON: The animal kingdom arranged in conformity with its organisation by the Baron Cuvier with additional descriptions of all the species hither named, and of many before noticed. Vol. 9. – Whittaker, Treacher and Co., London, 481 + 110 S.

GRAY, J.E. (1842): Description of some hitherto unrecorded species of Australian reptiles and batrachians. – S. 51–57 in GRAY, J.E. (Hrsg.): Zoological Miscellany. – Treuttel, Wärtz & Co., London

GRAY, J.E. (1845): Catalogue of the Specimens of Lizards in the Collection of the Britisch Museum, London.

GREER, A.E. (1990): The Biology and Evolution of Australian Frogs and Reptiles. – Surrey Beatty & Sons, Sydney

GRIESSEL, H. (1990): Wasseragamen im Terrarium. – DATZ 43(9): 534–535.

GRIGG, G.C., D.R. DRANE & G.P. COURTICE (1979): Time constants of heating and cooling in the eastern water dragon, *Physignathus lesueurii* and some generalizations about heating and cooling in reptiles. – Journal of Thermal Biology 4(1): 95–103.

GÜNTHER, A. (1861): Second list of Siamese reptiles. – Proc. Zool. Soc. London 1861: 187–189.

GÜNTHER, A. (1864): The Reptiles of British India. –Taylor & Francis, London, 452 + XXVII S.

GÜNTHER, A. (1867): Additions to the knowledge of Australian reptiles and fishes. – Ann. Mag. Nat. Hist. 20(3): 45–65.

GÜNTHER, A. (1873): Notes on some reptiles and batrachians obtained by Dr. Bernhard Meyer in Celebes and the Philippine Islands. – Proc. Zool. Soc. London 1873: 165–172.

GUÉRIN-MÉNEVILLE (1829–1844): Iconographie du règne animal de G. CUVIER, 3

HALLERMANN, J. (1999): Zum Kommentar mit der Überschrift „Fehlerberichtigung?" auf Seite 31 der elaphe 2/99. – elaphe N.F., 7(3): 52.

HAMLEY, T. (1990a): Functions of the tail in bipedal locomotion of lizards, dinosaurs and pterosaurs. – Memoirs of the Queensland Museum 28(1): 153–158.

HAMLEY, T. (1990b): An inexpensive force platform for use with small animals: design and application. – Memoirs of the Queensland Museum 29(2): 389–395.

HARDY, C.J. & C.M. HARDY (1977): Tail Regeneration and Other Observations in a Species of Agamid Lizard. – Australian Zool. 19(2): 141–148.

HARLOW, P. (1994): Lif history attributes of an agamid lizard with temperature-dependent sex determination. – Second World Congress of Herpetology, Abstracts: 111.

HARLOW, P.S. & F.M. HARLOW (1997): Captive reproduction and longevity in the eastern water dragon (*Physignathus lesueurii*). – Herpetofauna, Sydney, 27(1): 14–19.

HARRISON, L. (1928): The composition and origins of the Australian Fauna, with special reference to the Wegener hypothesis. – Report of the eigteenth meeting of the Australasian Association for the Advancement of Science 18: 332–396.

HARTDEGEN, R.W. & M.K. BAYLESS (1999): Twinning in Lizards. – Herp. Rev. 30(3): 141.

HAY, M. (1972): The breeding of *Physignathus lesueurii* in captivity. – Herpetofauna, Sydney, 5(1): 2–3.

HENKE, J. (1975) Vergleichend-morphologische Untersuchungen am Magen-Darm-Trakt der Agamidae und Iguanidae - Zool. Jahrb. Anat., 94: 505–569.

HENKEL, F.W. & W. SCHMIDT (1997a): Terrarien; Bau und Einrichtung. –Verlag Eugen Ulmer, Stuttgart, 178 S.

HENKEL, F.W. & W. SCHMIDT (1997b): Agamen im Terrarium. – Landbuch, Hannover, 151 S.

HESSELING, H. (1988): Geslaagde kweek met de groene wateragame (*Physignathus concincinus*). –Lacerta 46(7): 106–109.

HOJLUND, I. (1989): More on Marine Agamas. – Nord. Herpetol Froen. 32(9): 305–322 [auf Norwegisch]

HONDA, M., H. OTA, M. KOBAYASHI, J. NABHITABHATA, H.S. YONG, S. SENGOKU & T. HIKIDA (2000): Phylogenetic relationships of the family Agamidae (Reptilia: Iguania) inferred from mitochondrial DNA sequences. – Zoological Science 17(4): 527–537.

HONEGGER, R.E. (1969): Notes on Some Amphibians and Reptiles at Zürich Zoo. – Int. Zoo Yearbook, 9: 24–28.

HONEGGER, R.E. (1975): *Hydrosaurus pustulatus*. – Red Data Book 3, IUCN 9(2):, F. Code 2.2.4.4.1 V

HONEGGER, R.E. & C.R. SCHMIDT (1964): Herpetologisches aus dem Züricher Zoo. 1. Beiträge zur Haltung und zucht verschiedener Reptilien. – Aquar. u. Terrar.-Zeitschr., 17: 339–342.

HOSER, R. (1981): Notes on an unsuitable food item taken by a death adder (*Acanthophis antarcticus*). – Herpetofauna, Sydney, 13(1): 30–31.

HOSER, R. (1989): Australian Reptiles & Frogs. – Pierson & Co., Sydney, 236 S.

HOUSTON, T.F. (1978): Dragon Lizards and Goannas of South Australia. – South Australian Museum, Adelaide, 84 S.

INGER, R.E. & R.K. COLWELL (1977): Organization of contiguous communities of amphibians and reptiles in Thailand. – Ecol. Monogr. 47: 229–253.

IRVINE, F.R. (1960): Lizards and Crocodiles as Food for Man. – British Journal of Herpetology, 2: 197–202.

JAMES, C.D. & R. SHINE (1985): The seasonal timing of reproduction: a tropic-temperat comparison in Australian lizards. – Oecologia 67: 464–476.

JAUCH, H. & K. ULLRICH (1979): Beobachtungen an Ausatischen Wasseragamen (*Physignathus concincinus*). – herpetofauna, Weinstadt, 1(2): 15–17.

JOGER, U. (1991): A molecular phylogeny of Agamid lizards. – Copeia 1991: 616–622.

KAMMERER, I. (1999): Haltung und Nachzucht von *Physignathus concincinus*. – elaphe N.F. 7(1): 22–24.

KAUP, F. (1828): Über *Hyaena, Uromastix, Basiliscus, Corythaeolus, Acontias*. – Isis von Oken, Jena, 21: 1143–1151.

KLINGELHÖFFER, W. (1957): Terrarienkunde, Bd. 3 – Echsen. – 2. Aufl., Alfred Kernen Verlag, Stuttgart, 264 S.

KODYM, P. (1992): Chov a rozmnozování agamy vodní, *Physignathus concincinus* Cuvier, 1829 (Agamidae). – Terrarista,

3(1): 10–18.

KÖHLER, G. (1992): Die Bedeutung von *Entamoeba invadens* bei der Vergesellschaftung von Echsen oder Schlangen mit Schildkröten. – Sauria, 14(1): 3–8.

KÖHLER, G. (2001): Der Grüne Leguan im Terrarium. – Herpeton-Verlag, Offenbach, 79 S.

KÖLNER AQUARIUM AM ZOO (1988): Grüne Wasseragame (*Physignathus cocincinius*). – Die Aquarien- und Terrarien-Zeitschr., 41(5): 73.

KOPSTEIN, P.F. (1924): Tierbilder aus den Molukken. – Natuurk. Tijdschr. Ned. Indie 84(2): 89–93.

KOPSTEIN, P.F. (1926): Reptilien von den Molukken und den benachbarten Inseln. – Zool. Mededel. Leiden 9: 79–81.

KRASULA, K. (1988): Haltung und Nachzucht der Segelechse *Hydrosaurus pustulatus*. – herpetofauna, Weinstadt, 10(53): 30–34.

LANGE, J. (1997) Wasseragamen-Zwillinge - DATZ, 50(6): 346–346.

LANGERWERF, B. (1999): Die Australische Wasseragame *Physignathus lesueurii lesueurii* – ein professionell zu züchtendes Terrarientier. – Reptilia, Münster, 4(6): 32–39.

LEDERER, G. (1931): Ein weiterer Beitrag zur Ethologie der Segelechse (*Hydrosaurus amboinensis* Schloss.). – Zoologischer Garten 4: 277–279.

LEDERER, G. (1935): Einige Bemerkungen über die Segelechse (*Hydrosaurus amboinensis* Schloss.). – Aquarium 9: 217–218.

LICHT, P., W.R. DAWSON & V.H. SHOEMAKER (1966): Observations on the Thermal Relations of Western Australian Lizards. – Copeia, 1966(1): 97–110.

LIESACK, H. (1999): Haltung und Vermehrung verschiedener Agamenarten - 2. VDA-Terraristik-Symposium, Humboldtrose 1912 e.V., Berlin: 21-27.

LIESACK, H. (2001): Probleme bei der Haltung der Hinterindischen Wasseragame. – 3. Terraristik-Symposium in Berlin, Humboldtrose 1912 e.V., Berlin: 23–26.

LLADO HÄDINGER, M. (1996): *Pysignathus concincinus*. El Dragón de agua. – REPTILIA (E) Nr. 3: 14–16.

LONGLEY, G. (1946–47): Notes on the Hatching of the Eggs of the Water Dragon (*Physignathus lesueurii*). – Proceedings of the Royal Zoological Society of New South Wales: 29.

LOVERIDGE, A. (1933): New agamid lizards of the genera *Amphibolorus* and *Physignathus* from Australia. – Proc. New. Engl. Zool. Blub 13: 69–72.

LOVERIDGE, A. (1934): Australian Reptiles in the Museum of Comparative Zoölogy, Cambridge, Massachusetts. – Bulletin Museum of Comparative Zoölogy, 77: 243–383.

MACEY, J.R., A. LARSON, N.B. ANANJEVA & T.J. PAPENFUSS (1997): Evolutionary Shifts in Three Major Structural Features of the Mitochondrial Genome Among Iguanian Lizards. – J. Mol. Evol. 44: 660–674.

MACEY, J.R., J.A. SCHULTE, A. LARSON, N.B. ANANJEVA, Y.Z. WANG, R. PETHIYAGODA, N. RASTEGAR-POUYANI & T.J. PAPENFUSS (2000): Evaluating trans-tetys migration: An example using acrodont lizard phylogenetics. – Systematic Biology 49(2): 233–256.

MACKAY, R.D. (1959): Reptiles of Lion Island, NSW. – Australian Zoologist 12: 308–309.

MACLEAY, W. (1877): The lizards of the Chevert Expedition 2. – Proc. Linn. Soc. N.S.W. 2: 97–104.

MANTHEY, S. & U. MANTHEY (1999): Beobachtungen an *Phy-*

signathus cocincinus in Thailand und Laos. – Reptilia, Münster, 4(6): 22–23.

MANTHEY, U. (2000): Buchbesprechung: WERNING, H. (1995): Wasseragamen. – Sauria, 22(1): 10.

MANTHEY, U. & N. SCHUSTER (1993): Agamen. – Münster (Natur und Tier - Verlag), 120 S.

MCCOY, F. (1884): The Gippsland water lizard. – Proc. Zool. Vict. 9: 7–10.

MEEK, R. (1999): Thermoregulation and activity patterns in captive water dragons, *Physignathus cocincinus*, in a naturalistic environment. – Herpetological Journal 9(4): 137–146.

MINISTRY OF SCIENCE, TECHNOLOGY AND ENVIRONMENT (1992): Red data book of Vietnam. Vol. 1: Animal. Science and Technics Publ. House, hnoi, 396 S. [auf vietnamesisch]

MOODY, S.M. (1980): Phylogenetic and Historical Biogeographical Relationship of the Genera in the Family Agamidae (Reptilia: Lacertilia). – Ph. D. Thesis, Univ. of Michigan at Ann Arbour, 373 S. [unveröffentlichte Doktorarbeit]

MONTAGUE, P.D. (1914): A Report on the Fauna of the Monte Bello Islands. – Proc. Zool. Soc. London: 625–652.

MURPHY, M.J. (1996): Relict herpetofauna of a small bushland remnant in Sydney, NSW. – Herpetofauna, Sydney, 26(1): 45.

NOGGE, G. (1983): Jahresbericht 1982 der Aktiengesellschaft Zoologischer Garten Köln. – Kölner Zoo, 26(1): 13.

NOWARK, P. (2001): Regen für den Regenwald. Beneblung und Beregnung im Regenwaldterrarium. – Reptilia, Münster, Nr. 31, 6(5): 28–31.

OBST, F.J., K. RICHTER & U. JACOB (1984): Lexikon der Terraristik und Herpetologie. – Landbuch, Hannover, 466 S.

ORTNER, A. (1982): Pflege und Verhalten der Wasseragame (*Physignathus mentager*). – Aquaria, St. Gallen, 29(10): 165–166.

PETERS, W.C.H. (1866): Mittheilung über neue Amphibien (*Amphibolurus, Lygosoma, Cyclodus, Masticophis, Crotaphopeltis*) und Fische (*Diagramma, Hapalogenys*) des Kgl. Zoologischen Museums. – Monatsber. Königl. Preuss. Akad. Wisschsch. Berlin, 1866: 86–96. [auf Titelblatt 1867]

PETERS, W.C.H. (1872): Über einige von Hern. Dr. A. B. Meyer bei Gorontalo und auf den Togian-Inseln gesammelte Amphibien. – Monatsber. königl. Akad. Wiss. Berlin, 1872 (Juli): 581–585.

PETERS, U.W. (1986): Wir stellen vor: Agamen aus Australien. – Das Aquarium, 207: 489–496.

RAND, A.S. & H. MARX (1967): Running Speed of the Lizard *Basiliscus basiliscus* on Water. – Copeia 1967: 230–233.

RAUH, J. (2000): Grundlagen der Reptilienhaltung. – Natur und Tier - Verlag, Münster.

RETALLICK, R.W.R. & J.M. HERO (1994): Predation of an eastern water dragon (*Physignathus lesueurii*) by a common brown tree snake (*Boiga irregularis*). – Herpetofauna, Sydney, 24(2): 47–48.

SCHLIEMANN, D. (1968): Die Haltung von Cochinchina-Wasseragamen *Physignathus cocincinus*. – Aqua Terra 5: 81–83.

SCHLOSSER (1768): Epistola ad F. DeJean de *Lacerta amboinensis*: 1–19.

SCHMIDT, D. (1999): Fehlerberichtigung? – elaphe N.F., 7(2): 31.

SCHMIDT, K.P. & R.F. INGER (1958): Living Reptiles of the world. – Hamish Hamilton, London.

SCHWARZ, B. & W. SCHWARZ (2001): Bromelien, Orchideen und Farne im Tropenterrarium. – Natur und Tier - Verlag, Münster, 128 S.

SCHWENK, K. (1994): Systematics and Subjectivity: The Phylogeny: molecular, morphological, and paleontological approaches. – Syst. Biol. 46: 235–268.

SHAW, G. (1802): General Zoology, or Systematic Natural History. Vol. 3, 1+2. – G. Kearsley, Thoams Davison, London: 313–615.

SMITH, J. (1979): Notes on incubation and hatching of eggs of the eastern water dragon. – Herpetofauna, Sydney, 10(2): 12–14.

SMITH, M.A. (1935): Reptiles and Ambibians, Vol. II. – In: The fauna of British India, including Ceylon and Burma. –Taylor & Francis, London, 440 S.

SNYDER, R. (1949): Bipedal Locomotion of the Lizard *Basiliscus basiliscus*. – Copeia 1949: 129–137.

STEHR, C. (1984): Eine interessante Entdeckung bei meinen Wasseragamen - DATZ, 37 (11): 438–438.

STEINDACHNER, F. (1867): Reise der österreichischen Fregatte Novara um die Erde in den Jahren 1857, 1858, 1859. – Wicn, State Printer, Zoologie 1(3): 1–98. [auf Titelblatt 1869]

STEINMETZ, M., M. PÜTSCH & T. BISSCHOPINCK (1998): Untersuchungen zur Transportmortalität beim Import von Vögeln und Reptilien nach Deutschland. – Bundesamt für Naturschutz, Bonn, 128 S.

STERNFELD, R. (1924): Beiträge zur Herpetologie Inner-Australiens. – Senckenbergiana1(3): 221–251.

STETTLER, P.H. (1960): Aus dem Gefangenleben von Gilbert´s Wasseragame *Physignathus gilberti centralis* LOVERIDGE. – DATZ, 13: 54–56.

STORR, G.M. (1974): Agamid Lizards of the Genera *Caimanops, Physignathus* and *Diporiphora* in Western Australia and Northern Territory. – Records Western Australian Museum, 3(2): 121–146.

STORR, G.M., L.A. SMITH & R.E. JOHNSTONE (1983): Lizards of Western Australia, Part 1: Dragons and Monitors. – Univ. West. Austr. Press, Perth.

STUART, B.L. (1999): Amphibians and reptiles. – S. 43–67 in DUCKWORTH, J.W., R.E. SALTER & K. KHOUNBOLINE (Hrsg.): Wildlife in Lao PDR: 1999 status report. – IUCN, WCS & CPAWM.

SWANSON, S. (1980): Lizards of Australia. – Angus and Robertson, Sydney.

TAYLOR, E.H. (1922): The Lizards of the Philippine Islands. – Publ. 17, Bureau of Science, Manila.

TAYLOR, E.H. (1928): Distribution of life in the Philippines. – Monogr. 21, Bureau of Science, Manila.

TAYLOR, E.H. (1963): The lizards of Thailand. – Kans. Univ. Sci. Bull., Lawrence, 44: 687–1077.

THOMPSON, M.B. (1993): Estimate of the population structure of the eastern water dragon, *Physignathus lesueurii* (Reptilia: Agamidae), along riverside habitat. – Wildlife Research 20(5): 613–619.

THOMSON, D.F. & W. HOSMER (1963): A Preliminary Account of the Herpetology of the Great Sandy Desert of Central Western Australia. – Proceedings Royal Society Victoria, 8(1): 1–97.

TOMEY, W.A. (1985): Grüner Baumdrache. *Physignathus cocincinus* aus dem Nebelwald. – Aquarium, Bornheim, 19, No. 194: 425–427.

TURNER, G. (1999): Field Oberservations of Gippsland Water Dragons *Physignathus lesueurii howitti* sleeping in Water. – Herpetofauna, Sydney, 29(1): 49–51.

VELENSKÁ, N. & P. KODYM (2002): Rekordní vek agamy kocincínské (*Physignathus cocincinus*) a agamy kavkazské (*Laudakia caucasia*). [Recordbreaking age of a Chinese water dragon (*Physignathus cocincinus*) and a Caucasian agama (*Laudakia caucasia*) – Terarista Vol. 6: 5–7.

VISSER, G. (1984): Husbandry and Reproduction of the Sailtailed Lizard, *Hydrosaurus amboinensis* (SCHLOSSER, 1768) (Reptilia: Sauria: Agamidae) at Rotterdam Zoo. – Acta Zool. Path. Antverp. 78: 129–148.

VISSER, G. (1988): Verzorging en kweek van de Ambonese zeilhagedis (*Hydrosaurus amboinensis*). – Lacerta 46(4): 54–61.

VISSER, G. & J. VAN DER KOORE (1990): Over de soorten zeilhagedissen van het geslacht *Hydrosaurus*. – Lacerta 48(4): 98–102.

VIT, Z. (1979): Cochinchina-„Wasserdrachen" – *Physignathus cocincinus* CUVIER, 1829. – Aquarien Terrarien 26(7): 268–271.

VOGEL, Z. (1969): Die Mini-Saurier. – Aquarien Magazin, 3 (10): 406–408.

VÖLLM, J. & D. RÜEDI (1983): Einfluß der Umgebungstemperatur auf die Körpertemperatur, Herzaktion und Atmung von Echsen. – Zoologischer Garten N.F. 53(3–5): 269–274.

WATKINS-COLWELL, G.J. (1993): Unusual Food Choice in a Captive Sailfin Water Dragon (*Hydrosaurus amboinensis*). – Bull. Chicago Herp. Soc. 28(10): 212.

WATKINS-COLWELL, G.J. (1994): Cladistic biogeography of the water dragons, *Hydrosaurus* and *Physignahtus* (Lepidosauria: Agamidae). – unpubl. Diplomarbeit, Univ. of Ohio, 68 S.

WATKINS-COLWELL, G.J. & G. JOHNSTON (1999): Does the Water Dragon, *Physignathus lesueurii* (Gray 1831), Occur in New Guinea? – Herpetological Review 30(2): 73–74.

WEBER, M. (1890): *Lophura amboinensis*, Schloss., var. *celebensis*. – Zoologische Ergebnisse einer Reise in Niederländisch Ostindien, 2: 167–169.

WELCH, K.R.G., P.S. COOKE & A.S. WRIGHT (1990): Lizards of the Orient: a Checklist. – Krieger Publ., Malabar, Florida

WERMUTH, H. (1967): Liste der rezenten Amphibien und Reptilien. Agamidae. – Das Tierreich 86, de Gruyter, Berlin, 127 S.

WERNER, F. (1909): Reptilia exkl. Geckonidae und Scincidae. – S. 251–278 in MICHAELSEN, W. & R. HARTMEYER: Die Fauna Südwest-Australiens 2. – Gustav Fischer, Jena

WERNING, H. (1993): *Physignathus cocincinus* CUVIER. – Sauria, 15(1–4) Suppl.: 265–268.

WERNING, H. (1995): Wasseragamen. – Natur und Tier - Verlag, Münster, 96 S.

WERNING, H. (1999a): 15 Jahre mit Grünen Wasseragamen. – Reptilia, Münster, 4(6): 24–31.

WERNING, H. (1999b): Wasseragamen. – Reptilia, Münster, 4(6): 16–21.

WERNING, H. (2000a): Leguane. – DRACO, Münster, 1(4): 4–18.

WERNING, H. (2000b): Haltung, Gefährdung und Schutz – Blauzungen gestern und heute. – S. 234–246 in: HAUSCHILD, A., K. HENLE, R. HITZ, G. SHEA & H. WERNING: Blauzungenskinke – Beiträge zu *Tiliqua* und *Cyclodomorphus*. – Natur und Tier - Verlag, Münster, 287 S.

WERNING (2001): UV-Strahler „Active UVHeat". – REPTILIA, Münster, 6(6): 12.

WHITE, J. (1790): Jorunal of a Voyage to New South Wales. – London, Debrett, 299 S.

WILMS, T. (2000): Hinweise zur Überwinterung mediterraner Landschildkröten. – Draco 1(2): 48–51.

WILSON, K.J. (1974): The Relationship of Oxygen Supply for Activity to Body Temperature in Four Species of Lizards. – Copeia, 1974(4): 920–934.

WITTEN, G.J. (1982): Phyletic groups within the family Agamidae (Reptilia: Lacertilia) in Australia. – In BARKER, W.R. & P. J. M. GREENSLADE (Hrsg.): Evolution of the Flora and Fauna of Arid Australia." Peacock Book, South Australia

WITTEN, G.J. (1983): Some karyotypes of Australian agamids (Reptilia: Lacertilia). – Aust. J. Zool. 31: 533–540.

WITTEN, G.J. (1985): Relative Growth in Australian Agamid Lizards: Adaptation and Evolution. – Aust. J. Zool., 33: 349–362.

WORRELL, E. (1963): Reptiles of Australia. – Angus & Robertson, Sydney

WULFF, W.S. (1963): Sailfin Lizards Caught by Dogs. – PHS Bulletin 11(1–2): 6.

YUWONO, F.B. (1998): The Trade of Live Reptiles in Indonesia. – S. 9–15 in ERDELEN, W. (Hrsg.): Conservation, Trade and Sustainable Use of Lizards and Snakes in Indonesia. – Mertensiella 9.

ZHAO, E. (Hrsg.) (1998): China red data book of endangered animals. Amphibia and Reptilia. – Science Press, Beijing, Hong Kong, New York, 330 S.

ZHAO, E. & K. ADLER (1993): Herpetology of China. – Contributions to Herpetology 10, Society for the Study of Amphibians and Reptilies, 524 S.

ZIEGLER, T. (2002): Die Amphibien und Reptilien eines Tieflandfeuchtwald-Schutzgebietes in Vietnam. – Natur und Tier - Verlag, Münster, 344 S.

ZIMMERMANN, E. (1983): Das Züchten von Terrarientieren. – Franckh'sche Verlagsbuchhandlung, Stuttgart, 240 S.

ZWINENBERG, A. J. (1982): Die Australische Wasseragame, *Physignathus lesueurii*. – DATZ 35(12): 473–475.